알고리즘 자본주의

BOOK
JOURNALISM

알고리즘 자본주의

발행일 ; 제1판 제1쇄 2024년 6월 24일
지은이 ; 신현우 발행인·편집인 ; 이연대
CCO ; 신아람 에디터 ; 김혜림
펴낸곳 ; ㈜스리체어스 _ 서울시 중구 퇴계로2길 9-3 B1
전화 ; 02 396 6266 팩스 ; 070 8627 6266
이메일 ; hello@bookjournalism.com
홈페이지 ; www.bookjournalism.com
출판등록 ; 2014년 6월 25일 제300 2014 81호
ISBN ; 979 11 93453 29 2 03300

이 책은 한국언론정보학회-현대홈쇼핑 박사후 펠로우 프로그램 지원을 받아
수행된 연구를 기반으로 합니다.

BOOK
JOURNALISM

알고리즘 자본주의

신현우

; 활자의 시대, 산업 자본주의의 시대에는 문자를 읽고 해석하며 의미들과 협상하는 문해력이 강력한 계몽과 계급투쟁의 프로그램을 생성했다. 그러나 알고리즘 자본주의 시대 유튜브의 영상 추천과 소셜 미디어의 추천 광고는 궁핍과 예속을 생성한다. 인지 자동화는 알고리즘 자본주의의 생산성을 강화하지만, 그로 인한 탈숙련화는 문해력 상실로 나타난다. 문해력의 상실은 역사의 상실로 이어진다.

차례

변환하는 자본,
경계로 내몰리는 노동

기술의 진보는 언제나 사회적 생산력의 발전과 나선으로 이어져 있다. 임금 노동 중심의 자본주의 생산 양식에서 기술은 필연적으로 자동화를 향하며, 자동화는 생산성을 증대시키는 동시에 노동의 탈숙련화를 야기한다. 노동과정에서 기계가 차지하는 비중이 커질수록 인간 노동은 점점 단순하고 주변적인 것으로 변해 간다. 생산성의 증대는 일정 시간 이윤을 극대화하지만, 탈숙련화로 인해 점진적으로 과잉 생산과 과소 소비의 위기를 맞이할 수밖에 없다. 자본주의는 이 위기를 극복하기 위해 끊임없이 내외적인 상쇄 요인을 찾아낸다. 상품화, 특히 인간 정동과 인지를 상품화하는 과정은 우리가 '문화'라고 부르던 영역을 시장의 영토로 탈바꿈시킨다. 도시가 성장하면서 교외를 창출하는 것처럼, 자본의 회전은 육체적이고 물질적인 것들의 상품화를 넘어 문화와 마음의 상품화를 가속했다. 소비 자본주의 문화 산업의 전성시대를 지나며 우리는 이 로직을 깊이 내면화했고, 비판적인 좌파 학술 진영은 이를 '비물질적인 것의 헤게모니', '인지자본주의', '정동 자본주의' 등으로 명명하기도 했다.

그러나 2020년대 이후, 자본주의는 더욱 진보된 사이버네틱스 기술에 의해 대격변을 맞이하고 있다. 알고리즘과 인공지능을 위시한 새로운 형태의 자동화, 마음과 생각의 생산을 극대화하는 기술 진보가 이뤄지는 것이다. 이제 자동화는 기계류·제조업 영역이 아닌 정보 및 커뮤니케이션 기술 환경에 적극적으로 도입된다. 알고리즘과 인공지능이 복잡하게 연결된 디지털 플랫폼은 인간 사고와 감각의 자동화, 즉 인지의 자동화와 탈숙련화가 첨예하게 뒤엉키는 공간이자, 그로 인해 노동이 끝없이 외주화되고 삶의 불안정성이 항구화되는 파열 지점이다. 소셜 미디어, 유튜브, 전자 상거래, 배달, 모빌리티, 콘텐츠 서비스에 이르는 기술 혁신은 인지를 자동화한다. 마음을 읽어 내는 인지 기계들은 어디에나 편재한다. 그것들은 좋아할 법한 음악을 자동으로 재생해 주고, 욕망하던 상품 광고를 띄우며, 내가 즐길 법한 영화나 게임, 음악, 뉴스까지도 추천해 준다. 이와 더불어 욕망을 실현하고 운반하는 크리에이터, 인플루언서, 라이더, 우버 기사, 유튜브 편집자 등 새로운 플랫폼 노동이 등장했지만, 그것이 재편한 삶은 불안정하기 짝이 없다. 기계류가 언제나 그래왔던 것처럼, 이 형체 없는 기계들은 이제 문화·서비스 노동 부문을 위협하기 시작했다.

이 책은 플랫폼과 알고리즘의 그물망 속에서 행해지는 인간 마음·사고의 자동화, 그리고 인간-기계의 신경망을 둘러싼 새로운 비인간노동 기술 생태계를 탐구한다. 인지 자동화는 지금까지 우리가 알지 못했던 생산과 노동 영역, 즉 우리가 문화를 향유하거나, 혹은 콘텐츠를 창조하고 소비하는 영역의 추상화와 자동화를 촉진한다. 찰리 채플린의 영화 〈모던 타임즈〉는 인간의 육체가 기계의 부품이 되어 가는 소외를 그렸지만, 이제 그 기계의 역할을 알고리즘과 인공지능이 넘겨받았다. 우리의 뉴런은 점점 알고리즘과 플랫폼, 인공지능이 자아내는 기계 신경망의 일부가 되어 간다. 어떤 사물을 머리에 떠올리는 것만으로도 광고가 송출되고, 느낌을 상상하기만 해도 비슷한 모양새의 콘텐츠들이 나를 둘러싼다. 비슷한 견해, 취향을 가진 사람들과 수없이 연결되지만 언제나 외롭다고 느낀다. 이 수많은 영상과 광고, 그리고 커뮤니케이션은 어디에서 비롯된 것일까? 누가 그것들을 만들고, 누가 통제하는가? 마음과 정보 기계들의 네트워크 사이에 보이지 않는 톱니바퀴들이 있고, 우리는 이 기계들이 생산하는 생각의 상품들 속에서 노예화되고 있는 것은 아닐까?

마르크스는 19세기 산업 공장을 연구하면서 죽은 노동(기계)이 산 노동(인간)을 지배하고 있지만, 가치의 원천은 산 노동으로부터 나오고 죽은 노동은 단지 가치를 자본으로 이전시키는 역할을 할 뿐이라고 통찰했다. 요즘 굴뚝 없는 디지털 공장 — 유튜브와 인스타그램, 페이스북, 틱톡 등 — 의 상품들, 무수한 영상과 게시물은 누가 만드는가? 그 영상들을 실어 나르고, 광고를 끼워 넣으며 우리의 머릿속에 집어넣는 기계들을 누가 통제하는가? 가면을 쓰고 1인 방송을 하는 크리에이터들, 로켓 배송과 자동화 물류 시스템 이면에서 과로로 죽어가는 물류 노동자들, 전자 상거래 사이트에서 끝없이 제 살을 깎아 먹는 자영업자들, 인공지능 학습을 위해 데이터 라벨링을 하는 미세 노동자들, 자유롭게 자신이 원하는 시간에 일할 수 있지만 실제로는 전혀 자유롭지 않은 모빌리티 노동자들(라이더, 우버 기사, 운송 노동자)의 현실은 오늘날의 자동화가 무의식이나 욕망과 같은 영역에까지 닿아 있음을 보여 준다. 반면 구글, 아마존, 페이스북-메타, 마이크로소프트, 애플, 네이버와 다음카카오 등 빅테크 자본은 비밀스럽게 빅데이터를 흡입하고, 알고리즘을 도입해 엄청난 부를 쌓아 올리고 있다. 플랫폼과 알고리즘, 인공지능의 포위망에서, 문화 창조·향유와 관련된 활동들은 철저히 상품화되어 전에 없는 인지 및 사고의 탈숙련화를 야기한다. 이제 우리는 손을 뻗어 물질을 변화시키는 육체 활동의 감각뿐 아니라, 생각이나 욕구가 진정 나로부터 온 것인지조차 알지 못한 채 알고리즘 감옥에 사로잡힌 것이다.

따라서 시급하게 요청되는 것은 혁신이라는 미명하에 무차별적으로 도입되는 정보 커뮤니케이션 기술을 먼 산 보듯 지켜보는 것이 아니라 그로 인해 변화하는 자본과 노동의 역학에 대한 냉철한 형태 분석이다. 기후 위기와 더불어 마주할 전례 없는 재앙, 즉 전에 없던 디지털 불평등에 대비할 수 있는 진지가 구축되어야만 한다. 이 책은 크게 세 가지 방향에서 미래의 진지들을 탐색한다. 첫째, 수많은 플랫폼과 알고리즘이 겹쳐져 하나의 신경망을 이루는 플랫폼-알고리즘 신경망을 구조화하고, 그 안에서 가치가 생산·실현되는 경로들을 노동가치론의 관점에서 추적하는 것이다. 예컨대 유튜브의 광고 수익은 유튜브 안에서만 만들어지는 것이 아니다. 유튜브는 인스타그램에서 활동하는 인플루언서, 구글의 페이지랭크 알고리즘, 페이스북의 피드, 영상 편집자들이 함께 만들어 내는 위상학적 공간이다. 이용자들의 활동과 피드백, 그로 인해 발생하는 방대한 비정형 데이터들 속에서 '구독과 좋아요'는 광고와 누적 시청 시간을 포착해 가치를 생성·실현해 낸다. 우리는 2장과 3장에 걸쳐 플랫폼-알고리즘 신경망에서 부가 집적되는 방식을 구조화해 자본주의가 점점 수수료·구독료 중심의 지대(rent)를 추구하는 방식으로 체질을 바꾸고 있음을 논증할 것이다.

둘째, 이 책은 플랫폼-알고리즘 신경망에서 실질적으로 행해지는 특수하고 이질적인 노동과정을 추적한다. 물리적 실체가 뚜렷한 플랫폼 고용 형태들에 대해서는 이미 알려진 바가 많다. 모빌리티 플랫폼의 배달, 운송, 물류 노동의 경우 그 형태보다는 고용과 매개의 방식이 플랫폼이 운용하는 알고리즘에 의해 좌지우지되는 경향을 보인다. 반면 커뮤니케이션 플랫폼, 1인 방송이나 유튜브 등에서 행해지는 노동은 그 형태부터 과정에 이르기까지 이질적인 양상으로 나타난다. 알고리즘에 노출되기 위해 내용보다 섬네일이나 키워드 연관성에 방점을 두고 제작되는 영상 콘텐츠 등이 좋은 예제다. 자동화를 추동하는 기술과 그에 따른 탈숙련화는 실질적인 노동과정이 어떻게 수행되는지를 들여다봄으로써만 이해될 수 있으며, 우리는 특히 커뮤니케이션 플랫폼에서의 노동과정 분석을 통해 좀처럼 가시화되지 않는 플랫폼 노동의 실체를 구체화할 수 있을 것이다.

셋째, 이 책은 추상의 수준이 아닌 구체의 수준에서 '알고리즘 자본주의'를 그려 내고자 한다. 이를 위해 나는 개별 플랫폼들을 관찰하며 디지털 에스노그라피를 수행했고, 추가로 인플루언서·영상 편집·1인 방송을 하는 사람들에 대한 심층 면접을 진행했다. 살아 있는 경험과 감정에 대한 이해는 어떤 정치의 가능성을 발굴하는 출발점이다. 이러한 질적 연구를 바탕으로 우리는 '잉여'를 섭취하며 성장하는 자본주의가 어떤 노동과정을 은밀히 잉여 부문으로 밀어내는지에 대한 밑그림을 얻을 수 있을 것이다. 이 책 4장의 핵심은 플랫폼-알고리즘 신경망에서 행해지는 노동과정을 구체적으로 분석함으로써 알고리즘 자본주의의 노동가치론에 대한 명확한 부조를 떠내는 데에 있다. 또한 5장에서는 플랫폼-알고리즘에 의한 인지 자동화의 최종 지점, 인공지능을 다룸으로써 노동과 잉여가치의 새로운 관계, 그리고 자본-노동 사이에 비인간노동과 인간-기계의 하이브리드 신경망이 만들어 내는 '제3 섹터'의 윤곽을 그려 내고자 한다. 6장에서는 대안과 전망을 구축하고자 빅테크 자본이 전파하는 '자본주의 소셜 픽션'을 비판하고, 나아가 탈중앙화 기술과 시민 플랫폼, 커먼즈의 신경망에 대한 시론을 소개한다. 이를 통해 우리는 기술 사회주의의 새로운 청사진을 그려 내 디지털세나 보편적 기본 소득 등과 같은 제도적 수준의 구호보다 구체적인 투쟁의 방향을 알아내게 될 것이다.

마르크스는 《1844년 수고》에서 자본주의하 노동은 자본가에게 궁전을 만들어 주지만 노동자에게는 움막집을 지어 줄 뿐이라고 적었다. '알고리즘 자본주의'는 플랫폼이라는 궁전을 만들어 사람들을 모이도록 유혹한 다음, 주변에 각자 움막을 짓고 생존하도록 만든다. 움막 속의 사람들이 마을을 건설할 수 있도록 궁전의 신기루를 걷어 내는 것이 이 책이 지향하는 바다.

1   플랫폼과 알고리즘의 신경망 ;
예속된 인지의 자동화

새로운 자본주의 체스판, 플랫폼의 등장

체스 게임에서 가장 당혹스러운 순간 중 하나는 아마도 '스테일메이트'일 것이다. 킹이 공격받고 있지 않지만 어떻게 움직여도 스스로 체크 상태가 되는 경우, 스테일메이트가 성립하면서 게임은 무승부로 끝난다. 21세기 이후 자본주의는 이런 판국의 연속이다. 자본도 노동도 어느 방향으로도 움직일 수 없고, 어떻게도 승부를 낼 수 없는 교착 상태. 두 가지 경우의 수가 가능한데, 노동 진영이 체스판을 뒤집어엎거나, 자본 진영이 체스의 룰을 마음대로 바꿔 버리거나다. 모두 체스판 바깥에서만 가능한 일들이다.

　　최근 우리에게 벌어지고 있는 일은 후자에 해당한다. 산업 혁명 이후 오랜 기간 지속돼 왔던 임금 노동 중심의 경제가 종언을 고하고 있다. 임금은 비대칭 체스 게임을 지배해 온 룰이었다. 자본가는 사회적 생산 수단을 독점, 임금을 주고 노동력을 구매해 상품을 만든다. 노동자는 자신의 노동력을 판매해 삶을 영위한다. 임금은 자본과 노동을 매개하고, 노동력을 상품으로 만든다. 물론 자본가들과 달리 노동자들에게는 노동력을 판매하지 않을 자유 따윈 없다. 임금이 없다면 물적 삶이 상품 형식으로만 교환되는 현실에서 생존할 수 없기 때문이다. 이것이 지금까지 자본주의 체스 게임이 유지되어 온 비결이었다.

그런데 이 구조가 바뀌기 시작했다. 임금을 주지 않으면서도 노동을 하도록 할 수 있는 새로운 체스판, '플랫폼'이 도입되기 시작한 것이다. 이 체스판은 겉보기엔 이전과 다를 바가 없다. 그러나 그 안쪽에는 교묘히 열과 행마를 바꾸는 기계 장치들이 설치되어 있다. 알고리즘이 바로 그것이다. 알고리즘이 작동하면, 노동 진영의 수는 매번 자충수가 돼버리고 만다. 이를 눈치챌 길이 만무한 사람들은 몰래 룰을 바꿔 버린 자본가들에게 항의하는 것이 아니라 체스 공부를 덜 한 자신, 결정적인 순간에 잘못된 선택을 한 자신을 자책한다. 체스는 이제 자본이 노동을 수탈하는 일방적인 게임이 되어 가고, 룰은 이해하기 어려워질 정도로 복잡해졌다. 자본주의 게임의 법칙을 보이지 않게 바꾸려면 인간의 인지와 커뮤니케이션 자체를 재구성해야 한다. 손으로 패를 숨기거나 말을 몰래 움직이는 등의 기만은 물리적인 층위다. 이런 일들은 자본주의 태동 이후 지금까지 항상 벌어져 왔지만, 사람들은 이를 알아채고 적극적으로 투쟁해 왔다. 그러나 체스판이 스스로 움직이게 하려면 인지적 층위에서 물밑 작업이 이뤄져야 한다. 이를 간파하기란 쉬운 일이 아니다.

자동화 정보 기술이 인간 인지·커뮤니케이션 영역에 본격적으로 퍼지면서 새로운 자본주의 축적이 전개되고 있다. 오늘날 기술 혁신은 진화된 알고리즘에 의한 인지 자동화를 축으로 삼아 움직인다. 이는 퍼스널 컴퓨터와 상용 인터넷 이후 30년간 심화돼, 특히 2020년대 이후부터는 웹 3.0의 대가속으로 물면에 드러났다. 긴 시간 동안 월드와이드웹에 축적된 빅데이터와 이를 활용한 인공신경망의 발달, 정치·사회·문화의 방대한 영역에 걸쳐진 소셜 미디어 기반 커뮤니케이션, 자연어와 완벽하게 상호 작용하는 거대 생성 인공지능의 대두, 탈중앙화 금융 경제를 구축하고자 하는 블록체인의 등장이 대표적인 예다. 이 가운데 신기술 개발과 상용화를 독점하는 실리콘밸리 빅테크들, 구글·아마존·애플·마이크로소프트·메타(페이스북), 한국의 네이버와 다음카카오 등이 대약진을 이뤘다. 빅테크는 자신들만의 네트워크와 정보 기술 생태계를 조성하고, 이를 바탕으로 새로운 이윤 추구 메커니즘을 도입해 나갔다. 물질재 상품과 중앙집중화된 육체노동이 중심이 되는 원자(atom)의 경제로부터, 정보·지식·데이터·컴퓨팅 리소스 등 비형체적인 가치 및 이를 생산하는 문화적 및 지적 노동이 중심이 되는 비트bit의 경제로의 전환은 자본주의 작동 프레임을 크게 변환시켰다. 사회학자인 네그로폰테Negroponte에 따르면, 기존의 물질적 생산·산업 자본주의는 거대한 중앙 연산 장치인 '메인프레임' 모델에서 탈피해 '퍼스널 컴퓨터' 모델의 탈중심적 네트워크 경제가 오늘날 사회적 삶의 핵심을 이루게 된다.[1] 디지털 비트 경제로의 전환에서 중요한 것은 컴퓨터가 아닌 '컴퓨팅'이다. 컴퓨팅은 정보 기술 혁신이 집적되는 기술 체계이자 하나의 환경으로서, 컴퓨터와 연결된 모든 사고와 감각, 그리고 생활 세계를 거대한 시장 경제의 요소로 환원시킨다. 이처럼 널리 퍼진 컴퓨팅은 상품 및 서비스의 생산에 의한 가치를 증대할 뿐 아니라 경영, 조정, 생산에 이르는 수준에서 절차와 방법을 끝없이 혁신·유지하면서 지식 경제를 공고화한다. 지식과 정보는 이제 새로운 원료다. 그것을 가공하고 변환하는 인간 두뇌 활동은 영구히 갱신되어야 하는데 그 사이의 무수한 점들을 선분으로 연결하는 것이 컴퓨팅이다. 컴퓨팅은 기술일 뿐 아니라, 경제의 제도적 안배와 교육과 문화에서 더 심층적인 변화를 이끄는 관행, 내면화된 태도 자체를 생산한다.[2]

플랫폼과 알고리즘, 소통을 정량화하다

그러나 컴퓨팅적 전환에서 진정으로 혁신적인 부분은 재화나 가치의 패러다임 전환(물질 → 지식·정보)이 아니다. 그것들을 실질적으로 생성하는 노동의 형태가 변화한다는 점이 중요하다. 퍼스널 컴퓨터와 인터넷이 삶에서 보편화하면서, 컴퓨터의 작동 방식에 따라 상징과 정보가 가치화되고 처리되는 '비물질노동(immaterial labour)'이 도래한다. 대규모 자동차 공장과 노동조합의 시대가 저물고 인간 지력이 직접 컴퓨터·정보 기계와 피드백을 주고받는 시대가 왔다. 정치 철학자 네그리와 하트Negri & Hardt에 따르면, 오늘날 우리는 점점 더 컴퓨터처럼 생각하고 있다. 커뮤니케이션 기술과 상호 작용의 컴퓨터 작동 모델이 노동 활동에서 중심이 되는, '컴퓨터 및 커뮤니케이션에 의한 생산 혁명'이 일어나면서, 노동과정은 정보 커뮤니케이션 기술로 모듈화된다.[3] 서비스, 문화 상품, 지식, 커뮤니케이션과 같은 비물질적 재화를 생산하는 비물질노동이 주가 되면서, 잉여가치 생산에서 대량 생산 공장의 노동력이 이전에 차지했던 역할이 점점 지적이고 비물질적인 소통적 노동력에 의해 채워지게 된다는 것이다.[4] 실제로 2010년 이후 소셜 미디어 플랫폼을 중심으로 한 웹 2.0이 형성되면서 이러한 현상은 더욱 구체화되는 중에 있다. 우리는 소셜 미디어와 플랫폼에서 광고를 보고, 상품을 소비하며, 네트워크 속에서 생각하고 소통한다. 인터넷 강의를 듣고, 유튜브에서 정보를 얻으며, 구독·좋아요·팔로우 등으로 수많은 사람과 신호를 주고받는다. 빅테크와 그들이 운영하는 플랫폼들은 이것들을 상품화하면서 정보 자본주의 경제의 규모를 키웠다.

소통·상징적 상호 작용에 의한 문화적 가치의 생산은 이전에는 노동이 아니던 활동들을 노동으로 소구시킨다. 오늘날 '소통적'인 형태로 전화한 자본의 힘은 커뮤니케이션 기술로 매개된 메시지를 사용 가치에서 교환 가치로 변환시키며, 비물질적 가치의 생산을 넘어서 모든 종류의 사회적 네트 워크와 협업 체계에 자본-노동의 비등가적 힘 관계를 확산한 다.[5] 우리가 메신저와 채팅방, 영상 채널, 소셜 미디어 피드에 서 주고받는 모든 신호는 일종의 수학적 영향력으로 환산되 는데, 알고리즘은 이를 정량 평가하여 위계화하는 역할을 한 다. 1만 유튜버, 10만 유튜버, 100만 팔로워, 조회 수 10만 회 의 영상, 댓글 3000건이 달린 포스팅 등. 빅테크가 체스판 밑 에 깔아 둔 알고리즘은 이처럼 인간 커뮤니케이션을 수평적· 민주적 참여로 이끄는 것이 아닌 '기여(contribution)'의 정도 에 따라 더 많은 정보와 가치가 주어지는 방향으로 행마를 유 도한다.

대표적인 예가 구글의 페이지랭크 검색 알고리즘, 이용 자의 관심을 키워드와 해시태그 단위로 분류해 연관성 중심 으로 노출하는 소셜 미디어 피드 알고리즘이다. 이들 알고리 즘은 모든 데이터의 가치를 평가하는 주요한 행위자로서 공 장의 산업 기계들보다 더 큰 영향력을 행사한다. 알고리즘은 지식과 정보를 질이 아닌 양으로 평가하고, 가중치와 연관성 에 따라 사람들에게 특정한 정보를 편향되게 노출하며, 이 안 에 광고를 끼워 넣어 돈을 번다. 누구와 연결될지, 어떤 상품 을 소비할 것인지, 또 어떤 정보를 진실이라고 판단할지 등 인 간 사고의 경로가 알고리즘에 의해 좌지우지된다. 현재의 웹

2.0은 1990~2000년대 중반까지의 웹 1.0과 달리 정보와 지식의 '공유'가 아닌 정보와 지식을 통한 '이윤 추구'에 초점이 맞춰져 있다. 네트워크에 참여하는 노드들의 이윤 추구 활동을 조직화하고 포획하는 자본의 가두리 양식장, 플랫폼은 바로 이런 맥락에서 나타나게 된다.

플랫폼은 알고리즘으로 운용되는 디지털 아키텍처로서 기술인 동시에 조직 모델 그 자체다.[6] 컴퓨터의 사이버네틱스 논리가 컴퓨팅을 만들 듯, 알고리즘은 플랫폼의 가치 축적·실현의 로직을 완성한다. 플랫폼은 우리의 마음과 사고가 응축되고 상품화되는 장이면서 그것들 간의 교환이 이뤄지는 시장이기도 하다. 플랫폼에서 펼쳐지는 일상 — 재화의 구매와 판매, 상품의 전달, 서비스, 콘텐츠, 커뮤니케이션, 담론에 이르는 모든 삶 활동 — 은 알고리즘의 작동 방식에 따라 모듈화된다. 다시 말해 플랫폼과 알고리즘은 삶의 활동을 포획해 데이터 리소스로 만들고 모듈화하는 아키텍처의 신경망이다. 우리의 모든 커뮤니케이션은 사실상 플랫폼들을 투과하며 이뤄지고 있다. 구글에서 정보를 검색하고, 페이스북에서 홍보하거나 여론을 읽으며, 인스타그램에서 자랑을 하고 최신 트렌드를 파악한다.

2000년대까지 정보의 가공과 유통, 상호 작용과 피드백은 개인 홈페이지·블로그 등 탈중심화된 웹에 의존하고 있었다. 반면 웹 2.0에서는 유튜브와 소셜 미디어를 중심으로 한 플랫폼들의 자장에 모든 것들이 집어 삼켜졌다. 구독과 좋아요는 이제 단순한 의사 표현이 아니라 뭔가를 구매하는 행위, 즉 우리의 소통과 정동을 상품의 맥락에서 표현하는 행위가 된다. 따라서 정량 평가 알고리즘을 탑재한 플랫폼-알고리즘은 메시지가 전달되는 장소가 아니라 '가치화'되는 장소이다. 정보를 다루고, 해석하고, 의미를 주고받는 과정이 곧 경제적 과정이다. 더 많은 구독과 좋아요는 플랫폼과 이용자들에게 광고 수익을 안겨주고, 이 데이터들이 축적되고 분석된 결과 피드와 추천, 더 많은 광고들이 연결되며, 그 결과 우리는 물질적으로나 비물질적으로나 뭔가를 더 많이 소비하게 된다.

인지 기계가 생산하는 문화

구글의 광고 알고리즘인 애드센스, 페이스북과 인스타그램의 광고 추천 알고리즘은 수많은 웹페이지와 영상에 끼어들어 키워드 연관성 기반 광고들을 자동으로 매칭시킨다. 알고리즘 광고는 과거 광고주가 방송국이나 제작자들에게 직접 의뢰해서 삽입하는 간접 광고와 우리가 TV를 보는 도중에 시청하는 광고 시간을 자동화된 방식으로 직조했다. 알고리즘에 의한 '보는 것', '듣는 것'의 자동화는 이제 우리의 삶 곳곳에 침투해 있다. 주체라는 것이 과연 있기는 할까? 코드와 알고리즘에 결부된 인간 활동은 더 이상 데카르트적인 개인의 생각 단위라고 부를 수 없다. 그것은 매우 정교한 계산주의적 층위에서 이뤄지며, 알고리즘은 인간 사고 및 성찰의 지형을 완전히 바꾸는 '문화 기계'로 영향력을 행사한다.[7]

알고리즘은 문화 창조보다 더 기저의 인간 인지 활동들, 예컨대 보고, 듣고, 느끼고, 표현하고, 감각하는 등의 행위에 개입한다. 근대의 방직기와 증기 기관이 산업 기계라면, 알고리즘은 인지 기계다. 산업 기계는 물리적 층위에서 작동하지만, 인지 기계는 물리적 세계(physical)와 디지털digital이 결합된 합성계, '피지털physital'[8]의 층위에서 움직인다. 알고리즘의 물샐틈없는 그물망은 우리에게 정보나 상징의 질적 측면들 대신 양적 측면들(시청 시간, 좋아요, 구독자, 팔로워, 조회 수)로 표시된 경제적 가치를 우선시하고, 사람들이 그것들에 이끌리도록 매혹하는 것이다. 플랫폼은 이렇게 만들어진 이용자들의 감정·정서·의식·정동·언어·활동 등 전자적 표현과 지적 유대의 무수한 관계들을 디지털 인터페이스에 효과적으로 실어 나르고 중개해, 자본주의적 생산 관계의 망으로 흡수한다.[9]

알고리즘이라는 인지 기계의 확산은 전에 없던 문화 창조와 소통의 대량 생산을 추동했고, 자본주의의 체질을 '공장 사회'에서 '사회적 공장'으로 변모시켰다. 1960년대 이탈리아 노동주의자들의 반자본주의 운동을 이끌었던 마리오 트론티Mario Tronti는 포드와 피아트의 공장에 도입된 자동화 기술 혁신이 사회 전체로 퍼져나가는 것을 목격하면서 '사회적 공장(Social Factory)'이라는 표현을 사용했다.[10] 공장 사회란 산업 공장 안에서 기계의 작동 방식에 따라 인간 노동자의 작업을 파편화하는 분업의 구조가 사회 전체의 지배 구조가 되는 것을 말한다. 19~20세기 중반까지의 선진 자본주의 국가, 한국의 경우 1950~1980년대 후반까지가 여기에 해당한다. 공장 사회는 철저한 규율과 훈육, 기계처럼 유기적이고 중앙집중화된 권력을 특징으로 한다. 반면 사회적 공장화는 자본이 시공간 압축을 통해 교통과 커뮤니케이션 수단의 발달을 증폭하고, 생산에 결부된 분업이 물리적 공간을 넘어서 사회 곳곳에 분산·배치되는 과정을 뜻한다.[11] 유튜브의 콘텐츠가 기존의 방송·문화 산업 시스템이 아닌 개인의 주거 공간 안에서 제작되는 것이 좋은 사회적 공장화의 사례. 공장의 설비와 기계가 철저히 분산돼, 그 요소들이 사회 구성원 전체의 머릿속에 퍼져 있는 상태가 곧 사회적 공장화다.

마르크스가 19세기 산업 공장의 기계와 인간 노동의 대립 속에서 자본주의의 법칙을 찾아냈듯이, 우리는 21세기 자본과 생산의 시공간, 즉 두뇌와 컴퓨터 — 인간 인지 능력과 플랫폼 — 알고리즘 신경망을 오가는 사회적 공장에서 가치 운동의 회로를 찾아내야만 한다. 사회적 공장의 컴퓨팅 인프라가 알고리즘으로 전화한 이상, 널리 퍼져 있는 이 문화 기계들을 네트워크화된 불변 자본(기계류·생산 설비·원자재)으로 파악하고 언어·정동·소통의 영역으로까지 범주를 확대하는 것은 불가피하다. 실리콘밸리 빅테크 기업들이 그러하듯, 이제는 직접적인 생산 과정 외부에서 생산되는 가치를 포획하는 장치에 대한 투자가 생산 설비·노동에 대한 투자보다 훨씬 경제성이 높아지고 있다. 상품을 직접 생산하는 기계, 노동자들의 임금 부문은 하청·하도급·OEM 등으로 외주화하고, 대신 이렇게 거둬 들여진 상품들을 판매하는 플랫폼과 알고리즘에 대한 투자로 선회하는 것이다. 아마존, 쿠팡과 같은 플랫폼들은 이 현상을 직접적으로 보여 주는 단초다. 이들은 직접 물건을 생산하거나 유통하지 않고, 대신 플랫폼을 만들어 외주화된 생산자-프리랜서 유통자들을 매개해 준 다음 수수료, 광고로 돈을 번다. 중개 수익이 주를 이룬다는 점에서 유튜브와 소셜 미디어 기업들도 '생산의 외부'에 대한 투자라는 메커니즘을 똑같이 공유한다. 이제 불변 자본은 언어적 기계의 총체로서 사회에 분산돼 있고, 가변 자본(인간 노동과 임금)은 재생산, 소비, 생활 방식, 개인과 집단의 상상력 같은 영역에 흩어져 있게 된다.[12]

이제 우리는 플랫폼의 체스판 밑에서 기보를 기만하는 알고리즘 장치들이 어떤 논리로 움직이는지 이해하기 시작한다. 자본의 집적 회로가 생산 과정의 외부로 옮겨갔듯이, 부 또한 임금 노동의 외부를 통해 집적된다는 점이 알고리즘 자본주의의 특징이다. 전통적인 기업가는 대량의 노동력을 고용해 상품을 생산한 다음, 그 상품을 판매해 이윤을 축적한다. 이윤이 확대 재생산되려면 상품은 반드시 판매돼 가치를 실현해야 한다. 그 때문에 경영·마케팅·관리의 노하우가 이윤의 핵심이 될 수밖에 없고, 노동의 형태는 사무직·전문가주의로 변태해 왔다. 이것이 피터 드러커와 다니엘 벨 등 주류 경제학·사회학자들이 이야기해 온 탈산업 사회의 논리다.

인지 자동화 : 감각적 주체의 사라짐

그러나 알고리즘 자본주의 국면에서 빅테크 기업들은 노동자들을 고용하지 않는다. 그들은 플랫폼을 만들어놓은 다음, 마치 지주들이 소작농에게서 공물을 받아내는 것처럼 수수료 수익으로 부를 쌓는다. 핵심은 임금과 노동 착취가 아닌, 외부화된 노동과 지대다. 플랫폼에서 자본-노동 관계를 연구한 닉 서르닉Nick Srnicek에 따르면, 구글의 매출에서 광고가 차지하는 비중은 무려 89.9퍼센트에 달하고, 페이스북은 96.6퍼센트에 달한다.[13] 재주는 곰이 넘고 돈은 주인이 번다는 옛말과 비슷해 보이지만, 다른 점이 있다. 주인은 최소한 곰에게 숙식을 제공하지만, 플랫폼들은 사실상 생산의 주체나 다름없는 이용자들에게 아무런 삶의 안전장치를 제공하지 않는다.

이들 플랫폼 기업들이 돈을 더 벌려면 어떻게 해야 할까? 당연히 더 많이 생산되고 더 많이 향유되어야 한다. 문화 기계들은 바삐 돌아간다. 더 많은 이용자, 더 많은 이용자 활동, 더 많은 커뮤니케이션, 더 많은 의사 표현과 정동이 더 많은 수익을 창출한다. 알고리즘은 네트워크에 연결된 수많은 사람을 분석하고, 적극적으로 상호 작용한다. 우리가 더 많이 보고, 더 많이 느끼고, 더 많이 갈구할수록 축적되는 부는 더 커지기 때문이다. 질의 장막에 있던 것들을 양의 세계로 끌어내야만 가능한 일이다. 기쁨, 슬픔, 분노, 충동, 욕망 등은 인간 유적 존재의 고유한 특징이다. 그것들을 대량으로 생산하려면 라벨을 붙여야 한다. 해시태그, 키워드, 섬네일 등이 붙이고, 소통을 구독과 팔로우로 채운 다음 알고리즘으로 자동 매칭시키는 대촉진, 다시 말해 인간 인지 부문을 자동화시키는 '인지 자동화(cognitive automation)'에 도달하는 것이 알고리즘 자본주의가 지향하는 바다.

인지 자동화는 원래 로봇 공학에서 사용되는 개념으로, 주로 로보틱스 프로세스 자동화에 인간의 능동적인 인지 기능을 추가해 완전체의 지능형 자동화를 추구하는 기술을 뜻한다. 플랫폼-알고리즘은, 그 모듈화된 삶들이 교차하는 가운데 수많은 사고, 판단, 기억, 상징, 탐구가 이어지는 신경망이라 할 수 있다. 플랫폼은 형식이고, 알고리즘은 내용인 동시에 기계 그 자체다. 플랫폼-알고리즘 신경망이 인프라라면, 인지 자동화는 실질적인 실천에 해당한다. 나는 플랫폼-알고리즘 신경망에 의한 인지 자동화가 컴퓨팅과 결부된 문화 창조·소비 전면에서 지대 기반의 부를 증대하는 자본의 동역학을 '알고리즘 자본주의'로 명명하고자 한다.

알고리즘 자본주의의 핵심적인 프로토콜은 세 가지다. 인지 자동화, 유연화, 지대 추구가 그것이다. 인지 자동화를 통해 네트워크에서 '인간 원료'인 데이터들을 폭발시키고, 대량으로 수집한다. 플랫폼을 통해 기존의 임금 노동 또는 예술·언어 상호 작용에 해당하는 활동들을 유연화시켜, 시장 활동으로 포섭한다. 그리하여 부는 이윤이 아닌 지대의 방식으로 쌓이게 되는데, 광고, 매칭 수수료, 구독료 등이 대표적이다. 알고리즘은 이 모든 것에 인력을 행사하면서 동시에 가치 운동과는 무관한 인간 삶의 조건들에는 은밀히 척력을 행사하는 중력장이라 할 수 있다. 인지 자동화는 개인들 간의 연대, 형제애, 믿음, 연합, 계몽이 자아내는 유적인 가치들을 철저히 배제하고자 하는 알고리즘 운동으로, 노동의 소외를 통해서 더욱 가속하는 역설적인 운동이다.

인지 자동화는 자본주의적 생산의 부수적인 요소로 존재하던 다양한 형태의 노동, 예컨대 자영 노동, 날품팔이, 매뉴팩처 등 주로 외주나 하도급으로 이뤄지던 노동과정을 플랫폼과 알고리즘에 초과 연결해 예속시킴으로써 자본의 종심을 강화한다. 전통적인 물리적 자동화(로봇암, 어셈블리 라인, 컨베이어 벨트)는 노동과정을 탈숙련화하게 되는데 이때 작업은 단순해지고 작업자의 수는 줄어든다. 자동화는 '자본의 유기적 구성(organic composition of capital)'을 높이는데, 이는 불변 자본(기계류로 된 생산 수단)의 비율을 높이고 가변 자본(살아 있는 노동자)을 줄여 상대적 잉여가치 증대를 꾀하는 동학이다.

그러나 자본의 유기적 구성의 증대(노동자 수를 줄이고 자동화 설비를 늘리는)는 일시적으로는 이윤율을 높여 주지만, 이윤율은 시간이 지나면서 빠르게 줄어든다. 역설적이게도 이윤의 핵인 잉여가치를 만드는 것이 기계가 아닌 인간 노동이기 때문이다. 생산성이 높아져 염가에 생산된다 하더라도 상품들은 판매되지 않으면 가치를 실현하지 못한다. 그런데 이 상품들을 구매할 수많은 사람들에 대한 투자(자본가가 노동자를 고용하고, 임금을 지불하는 투자)가 줄고 기계 설비·주식 등에 대한 투자가 비대해질 경우, 시간이 지나면서 해당 산업 부문은 실업과 고용 약화로 인한 과잉 생산(혹은 과소 소비)를 겪게 되고, 이는 이윤율 저하와 경기 침체로 이어지게 된다. 이는 마르크스가 《자본론》 3권에서 설명하는 '이윤율 저하 경향의 법칙'이다. 무차별적인 자동화로 인한 자본의 유기적 구성 증대는 장기적으로는 탈숙련화와 더불어 이윤율 저하를 야기한다는 것이다. 마르크스에 따르면 이윤율 저하 경향은 역사적인 '자본주의의 일반 법칙'이다.

그런데 알고리즘의 확산과 인지 자동화는 이윤율 저하를 교묘한 방식으로 상쇄한다. 플랫폼-알고리즘 신경망이라는 사회적 생산의 네트워크 혹은 종획된 디지털 경작지의 전면 확대는 가변 자본 비율을 감소시키는 만큼, 그보다 훨씬 많은 주변부의 비임금 노동을 마구잡이로 끌어들인다. 오늘날 우리는 주변에서 불안정하고 외주화된 비임금 노동 분야가 너무나도 많아지고 있음을 본다. 우버, 음식 배달, 에어비앤비, 유튜브와 소셜 미디어, 쿠팡 물류 센터 등이다. 이처럼 불안정하고 일시적인 노동을 수탈해 부를 축적하는 빅테크 기업들 ─ 구글, 마이크로소프트, 애플, 메타, 아마존, 우버, 네이버, 다음카카오, 우아한 형제들, 쿠팡 등 ─ 은 공통점이 있는데, 복잡하고 블랙박스화되어 있는 알고리즘을 운영하며 플랫폼에서 사람들을 일하도록 만든다는 것이다. 이들 빅테크는 플랫폼에 접속된 노동자들을 프리랜서나 개인 사업자 같은 용어로 현혹하면서 고용에 대한 책임은 지지 않고 농경의 리듬과 부지런함, 공장의 리듬과 근면함, 포스트 포드주의 저스트-인-타임과 근면함을 모두 합친, '자유롭지만 연결돼 있으면서, 자율적이지만 예속된' 노동을 확산한다.[14]

알고리즘 탈숙련화 : 해체되는 문해력과 예속되는 해석

그렇다면 인지 자동화의 짝패, 인지의 탈숙련화는 어떤 방식으로 나타날까? 공장과 기계류 앞에서의 탈숙련화와는 다른, 삶 활동과 문화 전반에 걸친 충격적인 탈숙련화가 특징이라 할 수 있다. 알고리즘 자본주의는 글로벌 네트워크를 통해 사회 전체 구성원들의 두뇌부터 탈숙련화를 진행한다. 구체적으로 보면 '문해력'으로 대표되는 주체의 해석적 능력의 저하, 그리고 알고리즘과 기계 언어의 확산으로 인해 '비기표적 기호계'의 '언어적 기호계'에 대한 지배, 인간 사고의 기계적 예속이 두드러지게 현상된다. 인간 두뇌들에 펼쳐진 축색 돌기의 신경망(언어적 기호계)은 문자와 육성으로 소통하고, 유연한 해석을 통해 세계를 파악한다. 반면 지구에 펼쳐진 광섬유의 신경망(비기표적 기호계)은 알고리즘을 통해 기계 언어(코드, 신호, 프로토콜)로 개별 노드에 명령을 내린다. 전자에서 중요한 것은 주체의 능력이지만, 후자에서 중요한 것은 기술이다. 주체는 모든 것을 변화시킬 수 있지만, 기술을 바꾸기는 어렵다. 그것은 소통의 대상이 아니라 명령의 대상이고, 인간 언어가 아닌 기계 언어로 작동한다.

오늘날의 인터넷에는 이용자를 이윤의 사슬로 옭아매는 알고리즘으로 가득하다. 이 인지 기계들은 읽고 쓰고 해석하는 행위를 통해 세계를 분석해 온(그리고 변화시켜 온) 근대적 주체를 연산주의로 억누른다. 검색 엔진의 키워드 자동 완성, 구글의 페이지랭크 알고리즘, 소셜 미디어의 피드 알고리즘과 추천, 홍보 알고리즘, 인공지능과 거대 언어 모델 등이 그 중심에 있다. 개인의 문화적 취향과 상징체계의 이데올로기적 생산은 더 이상 과거에 그랬던 것처럼 언어적 발화에 기반한 '호명'으로 성립되지 않는다. 무수한 삶 활동이 생산하는 비정형 데이터로부터 문화적 생산과 소비의 방향이 도출되고, 이로 이뤄진 메타데이터를 독점한 빅테크 자본이 주체를 알고리즘이라는 틀에 넣어 '주조'하는 것이다.

니체는 우리의 삶이 환상적인 것들과 마주하는 순간들의 연속이며 실제로 그것은 환상이라고 말했는데,[15] 오늘날 구글과 유튜브, 페이스북과 인스타그램, 쿠팡과 로켓 배송, 우버와 배달의민족을 가로지르는 알고리즘은 기술로 빚어낸 환상을 자아내고 있다. 알고리즘이 여기저기 끼워 넣는 맞춤형 광고, 수익에 혈안이 된 인플루언서들의 자기 과시와 온갖 상품 바이럴, 유튜브 예언자들, 가짜 뉴스와 필터 버블, 끊임없이 추천되는 비슷비슷한 영상 음악들……. 이는 비트로 만들어져 광섬유로 퍼져나가는 21세기 환등상이다.

자유로운 사고와 의식적 활동이 알고리즘의 감옥에 갇혀 버린 오늘날, 인간의 언어적 및 신체 반응은 무수한 코드 연산과 기계적 작동들로 통제된다. 무엇보다 알고리즘과 기계 언어는 '해석의 과정'을 소거한다. 인간의 언어는 수행성의 측면을 가지고 있지만, 기계의 언어는 실행성의 측면에서 수행성을 재구성하는 초언어적 성격을 지닌다.[16] 자연 언어는 암묵지와 지성을 발달시키지만, 기계 언어는 형식지와 논리 연산을 발달시킨다. 암묵지와 지성의 발달은 문해력(literacy)에 기반하고, 문해력은 사회 구성원들의 강력한 지적 연대와 계몽으로 집적된다. 형식지와 논리 연산은 수학적 효율성에 기반하고, 수학적 효율성은 사이버네틱스와 네트워크의 발달로 집적된다.

활자의 시대, 산업 자본주의의 시대에는 문자를 읽고 해석하며 의미들과 협상하는 문해력이 강력한 계몽과 계급투쟁의 프로그램을 생성해 냈다. 그러나 알고리즘 자본주의 시대 유튜브의 동영상 추천과 소셜 미디어의 추천 광고는 궁핍과 예속을 생성한다. 우리는 수학적 효율성으로 똘똘 뭉친 이 기계 언어들의 동학, 알고리즘에 해석하지도 저항하지도 못한다. 사진이나 문자를 읽으며 우리는 의미를 파악할 수 있었고, 기각하거나 재구성할 수 있었다. 그것은 역사의 과정이었다. 그러나 코드 명령어와 프로토콜에 대고 '아니야'라고 말한다고 해서 그것이 실행되지는 않는다. 수학적 효율성(사실상 아도르노가 말한 기술적 합리성)이 자아내는 실행성의 영토는 입력과 출력의 층위에 있으며 우리는 그것과 자연 언어로 협상할 수 없다. 인지 자동화는 사회 전체의 수학적 효율성을 증대시키면서 알고리즘 자본주의의 생산성을 강화하지만, 그로 인한 탈숙련화는 바로 문해력의 상실로 나타나게 된다. 문해력의 상실은 곧 역사의 상실로 이어진다.

기술철학자인 베르나르 스티글레르Bernard Stiegler는 이처럼 기술의 언어가 상징의 언어를 핍박하고 나아가 주체의 해석 능력이 현저히 저하되는 현상을 '상징 궁핍(Symbolic misery)'이라는 개념으로 정의했다.[17] 그에 따르면 미디어와 정보 기술의 진보로 부상한 기술적 인자들은 개인의 고유한 리비도적 욕망(즉 삶의 에너지)에 기반한 상징적 기반을 박탈한다. 이로 인해 발생하는 집단적인 상징 궁핍은 데카르트적인 개인이 세계를 해석할 수 없으며 스스로를 사유하는 주체로 인식할 수 없는 상태, '가분체(dividual)'로의 탈구를 야기한다. 개인이 자신의 단독성과 경험으로 기억을 구성할 수 있는 능력이 알고리즘의 계량적 효율성으로 관리된다. 문화 산업의 도구적 합리성으로 규격화된 물신은 알고리즘에 의한 인지 자동화를 향한다. 스마트폰, 웨어러블을 비롯한 다양한 소통 기계들이 개인적 기억들을 통제하고, 개인 단위의 리비도적 충동을 맞춤식으로 자극해 소비주의적 충동으로 변환한다. 상징 궁핍은 전무후무한 경험의 궁핍과 삶의 지혜의 박탈 과정이다. 이로 인해 일상생활은 망상적 구조의 표준과 계산에 종속되며, 숙고와 사색에 드는 쓸데없는 의사 결정 시간을 소거해 개인을 정보 입출력의 분절 단위로 파편화한다.[18]

유튜브가 자동으로 재생하는 시간 중에 무의식적으로 시청한 광고, 한 번 검색한 뒤 끈질기게 추천되는 상품 목록, 이들의 가중치를 주목 단위로 평가하는 행위성(좋아요, 댓글, 구독자, 조회 수)의 지배는 상징 궁핍이라는 탈숙련화 속에서 우리가 자본주의 동역학에 예속돼 가는 과정을 적나라하게 보여 준다. 알고리즘이 매개해 준 비슷한 취향의 비슷한 사람들, 맞춤형 콘텐츠, 일시적으로 유행하고 사라지는 밈과 문법 등······. 그리고 이런 행위성이 생성하는 메타데이터를 다시 알고리즘이 학습해 끊임없이 확대 재생산하는 루프.

이탈리아의 자율주의 이론가인 마우리치오 랏자라또 Maurizio Lazzarato에 따르면, 이 루프는 기계적 예속(Machinic enslavement)의 단면을 보여 주는 전형적인 현상이다. 그는 과거 언표와 행위로 이뤄져 온 과거 소비 사회의 언어적 기호계가 더 이상 개인 수준에서 개입할 수 없는 '비기표적 기호계'로 이행했다고 설명한다. 컴퓨터 언어의 강력한 연산화가 이데올로기의 층위에서 투영되던 소비적 욕망을 기계와 융합하려는 경향을 보인다는 것이다. 알고리즘과 같은 인지적 기계들에 의한 지배가 전면화될수록 의사소통의 생산-소비 관계를 탈구시키며,[19] 주가 지수, 통화, 기업 회계, 국가 예산, 컴퓨터 언어, 수학, 과학의 함수, 방정식 등이 토대를 이루는 비기표적 기호계를 통해 기계는 스스로 말하고, 자신을 표현하며, 인간과 다른 기계, '실재' 현상과 소통하게 된다.[20] 기계적 예속이란, 자본가-노동자의 생산 관계를 재생산하는 강력한 힘인 이데올로기가 인지 기계의 실행성 속에 스며드는 과정이며 인지 자동화로 촉발된 사회적 불능, 즉 인지의 탈숙련화이다. 마르크스는 부의 창조가 노동 시간과 양보다는 작동 인자들의 강력한 효율성에 의존한다고 말했는데,[21] 이는 오늘날에도 크게 달라지지 않았다. 알고리즘은 물질 상품의 생산뿐 아니라 개인의 문화적 표현 및 상징과 해석 능력을 해체해 이를 메타데이터로 포획하고, 주체를 예속시킨다.

컴퓨터 앞에서, 그리고 스마트폰의 초연결 속에서 우리는 과연 스스로 생각하는 것일까? 알고리즘은 스스로 생각하기를 인지 기계에 이양하는 그 순간을 파고든다. 이제 말하기와 쓰기, 그리고 지각하기 자체가 하나의 생산 구조 안에 속해 있다. 상징 궁핍과 기계적 예속으로 대표되는 인지의 탈숙련화는, 그것 자체로 알고리즘 자본주의의 동학이 될 뿐 아니라 인간의 실존적 조건까지도 위협하기 시작한다. 마르크스는 〈기계에 대한 단상〉에서 다음과 같은 표현을 썼다. "노동은 기계적 체계의 수많은 점들에서 개별의 산 노동자들로부터의 의식적 기관으로 나타난다. 분산된 노동은 기계류의 작동 과정에 포섭돼 하나의 관절을 이루게 되는데, 이는 노동자의 사소하고 개별적인 행위에 맞서 생동하는 유기체로서 기계류에 실존하고 있다."[22] 사람들의 사유와 인지를 분절하고, 그로 인해 만들어진 데이터를 흡수해 다시 스스로 생동하는 알고리즘은 마르크스의 단상이 실재가 되어 가고 있음을 보여 주는 좋은 예제라 할 수 있다.

오, 플랫폼, 나의 알고리즘

영화 〈죽은 시인의 사회〉에서 키팅 선생은 학생들에게 다양한 사고 실험을 제시한다. 유명한 장면은 학생들을 교실 밖으로 데리고 나와 일렬로 원을 그리며 걷기 수업을 시키는 대목이다. 처음에는 각기 다른 보폭과 리듬으로 걷던 학생들은 어느 순간부터 일정한 속도로 발맞춰 걷기 시작한다. 한 학생이 손뼉을 치자 모두가 최면에 걸린 듯 따라서 손뼉 치며 걷는다. 제각각이던 학생들의 발걸음이 군대 제식 행진이 되어 버리자, 키팅 선생은 빙그레 웃으며 멈춰 세우고는 로버트 프로스트의 시를 인용한다. '숲 속의 두 갈래 길에서 나는 사람들이 덜 간 길을 택했고, 그것이 내 모든 것을 바꾸어 놓았다.' 이어지는 그의 가르침은 '자신만의 보폭과 속도로 걸으며, 그것이 자랑스럽든 바보 같은 자신의 발걸음으로 걸어라.'이다.

〈죽은 시인의 사회〉는 실존주의적인 주체 형성을 지지하는 영화다. 키팅 선생이 학생들을 일으켜 책상 위에 올라서게 한 다음 '사물을 다른 각도에서 보라, 어떤 사실을 안다고 생각할 땐 다른 시각에서 봐라'라고 하는 것도 그런 맥락에서이다. 철학자 장 폴 사르트르Jean Paul Sartre에 따르면 의식의 지향성은 공동체를 지향하지만, 획일화를 기각하는 자유, 즉 주체성의 이행이라는 소실점을 향하며 이 과정에서 실존은 인간이라는 상황이 된다. 의식은 공동체를 지향하지만 동시에 모두를 획일화하려는 경향에서 벗어나려는 자유를 향한다. 이때에야 인간은 자신만의 실존을 획득한다. 뭔가를 본다는 것, 주체의 응시란 곧 타자의 시선과의 불일치 속에서 어떤 실존적 쟁투를 발생시키는 것이 되어야 하는데, 이는 진정한 자아(다시 말해 영구 혁명의 과정에 진입하는, 반항하는 고유한 개인)가 상황에 어떤 의미를 부여하면서 상황 속에서 자신의 모습을 선택하는 불환원성으로 현상된다. "미래는 사회를 구성하는 모든 사람이 현상을 초월해 이뤄 나가는 자기 자신의 투기에 불과하다. 인간은 하나의 상황일 따름이다. 상황은 다원적 결정성을 갖고 있으며, 인간이 상황에 어떤 의미를 부여하지 않는 한 상황 그 자체는 아무것도 아니다."[23]

인간의 실존적 상황은 결핍을 자각하는 것으로부터 출발한다. 현재의 자신을 넘어서기 위해 본질적으로 주어진 조건을 거부하고, 바깥으로(대상의 세계로) 스스로를 던지는 인간이 타인·공동체와 관계를 맺는다. 타자는 나와의 관계 속에서 만들어 나가는 또 다른 실존으로, 이들은 서로의 시선을 주고받거나 대화를 주고받으며 양립을 추구하는 존재다. 이 때문에 실존에서 나(주체)는 단수형인 동시에 복수형이다.

오늘날 플랫폼과 알고리즘의 가장 큰 문제는 '움직일 수 없는 본질'처럼 여겨지는 소통 기계들의 네트워크가 바로 이 실존의 조건들 속에 침투해 있다는 데 있다. 우리는 타자를 본다. 몸 바깥쪽을 향해 제스처를 내보내고, 대화를 건넨다. 플랫폼들이 운영하는 알고리즘은 우리의 실존적 조건을 완성하는 시선과 발화를 통제함으로써, 대타 존재(代打存在·l'être-pour-autrui)를 완전히 물화시킨다. 사르트르에 따르면 자본주의가 만들어 내는 물적 관계는 우리의 사회적 관계 속에 있는 실존의 가능성을 고정불변의 본질로 소구시켜, 우리를 수치스러운 존재(물화된 존재)로 만든다. 우리가 좋아한다(like)고 말하는 '친구(friend)'들은 누구이며, 우리는 그들을 어떻게 아는가(you may know)? 왜 그들을 따르거나(follow), 그들의 소식을 구독(subscribe)하는가? 우리가 오늘날 플랫폼과 알고리즘을 투과하며 맺는 사회적 관계는 실존에서 본질(자본주의)로 퇴행하고 있음을 보여 주고 있는 것이 아닐까?

알고리즘이 인간의 실존적 조건에 개입하기 위해서는 그 실존의 토대가 되는 물적 조건을 먼저 장악해야만 한다. 즉 우리가 보고, 말하고, 듣고, 느끼는 활동들의 경로를 결정하는 가장 원초적인 밑바닥, 다시 말해 노동의 조건과 프로세스를 가장 자본주의적인 방식으로 바꿔 놔야 한다는 뜻이다. 마르크스에 따르면 자본주의의 물화된 사회적 관계는 두 가지 측면에서 인간을 실존으로부터 소외시킨다. 하나는 '자유로운 의식적 활동'으로서 물질적 조건을 변화시키는 인간 노동이 생존을 위한 수단으로 전락한다는 측면이고, 다른 하나는 감성적 외부 세계(자연과 사물을 포함한 타자의 실존)가 자신의 육체를 보존할 뿐인 수단으로 사용되는 측면이다.[24] 이처럼 역전된 관계를 두고 마르크스는 자본주의의 본질을 흡혈귀에 비유하며, "자본은 죽은 노동이며, 이 노동은 오직 흡혈귀처럼 산 노동을 흡수함으로써만 살아갈 수 있다"고 적는다.[25]

산 노동은 노동자의 육체적·정신적 활동에 의해 실질적으로 행해지는 노동으로, 가치를 생성하는 근원이다. 반면 죽은 노동은 기계류·시스템 등 생산 수단에 해당하는 것으로 가치를 이전시키는 역할을 한다. 죽은 노동은 무엇보다 시스템을 만든다. 인간이 자신의 생존을 위해 어쩔 수 없이 임금 노동에 종사할 수밖에 없는 시스템(사적 소유)을 만들고, 이후에는 시스템이 운영되는 방식(분업, 교환, 축적)을 사회 전체에 퍼뜨린다. 알고리즘 자본주의는 요컨대 '죽은 시인(실존)'의 사회를 '죽은 노동(기계류와 생산 수단)'의 사회로 전화시키고자 하는 새로운 기획이다. 알고리즘은 이전에는 여전히 산 노동에 속해 있던 인간의 시선, 그리고 친구와 공동체를 만들고자 교류하는 방식(커뮤니케이션)을 식민화하는 기계, 새로운 죽은 노동의 출현을 야기한다. 지금까지 전혀 보지 못한 형식의 죽은 노동을 자아내는 이 새로운 기계는 인간의 현시와 소통을 대량으로 증대하고 실존을 이루는 다양한 조건들을 상품적 가치로 인수분해해, 자본주의 축적의 네트워크로 편류시키는 역할을 한다.

　　그러나 자본주의는 기계를 단순히 만들어 내는 것만으로는 성립되지 않는다. 기계를 만들어 내고, 그 기계들이 효율적으로 돌아갈 수 있는 체계인 공장을 만들어야 실질적으로 가치를 이전시키는 기능을 할 수 있을 것이다. 즉 기계 자체가 아니라 기계의 도입을 통해 자본가-노동자 간 비등가 교환의 관계, 다시 말해 생산 관계를 만들어 내야만 자본주의는 팽창할 수 있다. 19세기 기계와 산업 공장이 산 노동이 만들어 낸 가치를 기업과 부자로 이전시키고자 그 기능을 배치했듯이, 21세기에도 알고리즘을 적절히 배치해 가치를 체계적으로 이전시키는 장이 필요하다. 자본주의 사회에서 기계류는 곧 사회적 관계이다. 알고리즘은 21세기 자본주의의 사회적 관계다. 자본주의 사회적 관계는 노동이 만들어 낸 가치를 균등하게 분배하는 게 아닌 자본가 쪽으로 최대한 밀어 넣는 관계다. 이 비등가 교환은 19세기와 20세기에는 공장에서 이뤄졌고, 공장의 가치 이전 체계가 곧 사회 체계가 됐다.

　　그렇다면 21세기 빅테크 자본이 알고리즘으로 가치를 이전시킬 수 있는 가장 효과적인 체계와 공간은 무엇이 될까? 공장과 노동자, 그리고 그들을 매개하는 임금은 구시대의 산물일 뿐이다. 알고리즘이 필요로 하는 건 무엇보다 플랫폼이다. 수많은 사람의 커뮤니케이션이 이뤄지고 수많은 문화적 소비·창조가 자본주의적 방식으로 교차하는 장, 그리고 그 무수한 방점들 사이에서 가치들을 보이지 않게 이전시키는 시스템, 플랫폼은 알고리즘이 가장 효과적으로 기능하도록 만들어 주는 장이다. 따라서 플랫폼과 알고리즘은 떼려야 뗄 수 없는 유기체적 연결이면서, 산 노동과 죽은 노동이 이전의 공장 사회와는 전혀 다른 방식으로 대립하는 전선이라 할 수 있다.

플랫폼의 다섯 왕국

플랫폼은 일상적인 용어다. 우리는 숨을 쉬듯 끊임없이 플랫폼과 접촉한다. 그러나 각 플랫폼이 제공하는 서비스와 그 안에서 행해지는 노동의 형식은 제각각이며 그에 따라 알고리즘의 세부적인 기능도 조금씩 달라진다. 여기서 우리가 주의해야 할 점은 플랫폼이 과거 공장이 수행하던 역할을 일부 재구성하긴 했지만 '공장'은 아니라는 점이다. 알고리즘이 단순히 '생산 수단'이 아님을 이해하는 것도 마찬가지 맥락이다. 왜냐하면 알고리즘과 플랫폼이 산 노동과 매개되는 방식은 임금이 아니라 지대에 더 가까운 성격을 띠고 있기 때문이다. 공장의 의미를 사전적으로 볼 것이 아니라 생산 과정과 산 노동을 조직·통제하는 시스템이라는 광의의 의미로 보자면, 플랫폼-알고리즘은 시공간을 초월해 노동과 기계 및 인프라를 지휘하는 기관이자 원리로 봐야 한다.[26] 플랫폼은 시스템이긴 하지만 디지털 공장이 아니고, 알고리즘은 기계이긴 하지만 말 그대로 추상 기계 또는 문화 기계이지 생산 수단으로 규정할 수는 없다. 따라서 플랫폼은 산 노동을 죽은 노동으로 만드는 물리적 층위인 공장과 기계의 시공간을 초월하고자 고안된 영혼의 인프라라 할 수 있다.

그렇다면 구체적으로 어떤 플랫폼들이 있는가? 각 플랫폼에서 행해지는 노동과정의 형태와 내용을 중심으로 보자면, 크게 다섯 가지 형태의 플랫폼이 있다. ①태스크 플랫폼(배달, 모빌리티, 돌봄, 클리닝)은 기존에 이미 주변부에 있었던 서비스 노동을 디지털화된 방식으로 외주화하며, 배달의민족·쿠팡이츠·우버·딜리버루·그랩·숨고·핸디 등의 플랫폼들이 여기에 해당한다. ②이커머스 플랫폼(물류, 유통, 배송, 스마트 결제)은 상품 구매와 배송을 통해 기존의 마케팅·유통·물류와 관련된 이른바 제어 영역에서 노동 착취를 가속화하는 플랫폼으로, 여기에는 아마존·이베이·쿠팡·무신사·네이버쇼핑·카카오커머스 등이 포함된다. ③콘텐츠 플랫폼(웹 기반 콘텐츠 서비스)은 기존의 문화 산업에 해당하는 문화 콘텐츠 제작 및 서비스, 유통과 관련된 플랫폼으로 OTT, 음원, 웹툰, 웹소설 서비스 등이 여기에 포함되며 창작·예술 활동과 깊은 연관을 맺고 있다. ④생산성 플랫폼(클라우드, 소프트웨어, 운영 체제, 애플리케이션)은 우리의 사회적 삶에 필수적인 생산성 서비스 및 디지털 인프라 접근에 대한 독점적인 비즈니스 모델을 강요하는데 구글 드라이브, MS 원드라이브, 각종 오피스 프로그램, 애플 클라우드, 그 외 구독료 서비스로 전환한 시각·디자인·영상 편집·문서 작성 소프트웨어 및 애플리케이션을 관리하는 플랫폼들이 핵심이다. ⑤커뮤니케이션 플랫폼(유튜브, 소셜 미디어, 1인 방송)은 개인의 문화적 취향과 일상을 연결하고 사회·정치적 발화 및 담론 형성의 기능을 맡으며, 소비와 관련된 기호·소통을 사회 관계망에 전달해 광고 수수료 기반 수익을 쌓는다. 마지막으로 구글의 검색 엔진과 애드센스(광고 매칭 알고리즘), 각 커뮤니케이션 플랫폼(유튜브, 페이스북, 인스타그램, 틱톡 등)에 탑재된 추천 광고 알고리즘은 그 자체가 하나의 플랫폼이자 알고리즘이면서 플랫폼들 사이의 경제적 흐름을 촉진하는 기술 장치로 기능한다.

이들 다섯 플랫폼 왕국은 단순히 '디지털 노동 중개'만 하지 않는다. 플랫폼-알고리즘은 무엇보다 해당 영역에서 제공하는 가치의 변환 과정, 즉 산 노동의 프로세스와 그로 인한 사회적 배치 자체, 실존의 조건을 완전히 바꿔 놓는다. 플랫폼에서 행해지는 모든 노동과정은 우리가 이전에 알던 고용 형태를 해체해 삶을 '불안정성(precarity)'의 영역으로 몰아넣는

노동 형식과 상품화 형식에 따른 플랫폼 형태 분류

구분		태스크 플랫폼	이커머스 플랫폼	콘텐츠 플랫폼	생산성 플랫폼	커뮤니케이션 플랫폼
노동 형식		배달, 모빌리티, 돌봄, 가사	물류, 유통, 배송, 결제	문화 콘텐츠 제작(방송, 영화, 드라마, 음악, 만화, 소설)	데이터 생산, 품질관리 및 개선, 데이터 학습	소통, 감정, 정동, 친밀감, 유대, 교류
상품화 형식		하드웨어, 날품팔이, 페나감 등 삶 편의성을 제공하는 서비스 노동의 디지털화	마케팅·물류·유통 등 제어 영역에서의 노동의 외주화 및 결제 최적화	방송국, 영화 제작사, 출판사 등에서 행해지던 창의 노동의 글로벌 유통과 외주화	작업에 필수적인 생산성 도구(글쓰기, 디자인, 그림, 영상 편집, 생성 인공지능) 및 데이터 인프라에 대한 독점	주목(구독, 좋아요, 팔로워, 조회 수, 시청자, 시청 시간), 트렌드(해시태그, 키워드 연관성), 광고, 후원금
주요 플랫폼		우버, 딜리버루, 쿠팡이츠, 그랩, 숨고, 핸디	아마존, 이베이, 쿠팡, 무신사, 다나와, 네이버쇼핑, 카카오커머스, 라쿠텐, 배달의민족	넷플릭스 등 OTT 서비스, 애플뮤직, 멜론 등 음원 서비스, 문피아, 웹진코믹스, 네이버와 카카오의 웹툰·웹소설	구글, MS, 애플의 클라우드 서비스와 오피스 프로그램, 어도비, 포토샵 등 이미지 편집, 각종 영상 및 사운드 편집 서비스	유튜브, 페이스북·메타, 인스타그램, X(트위터), 틱톡, 아프리카TV, 트위치TV 등

다. 플랫폼-알고리즘 안에서는 아홉 시에 출근해 일곱 시에 퇴근하고, 달마다 월급을 받고 퇴직금과 보험을 적용받는 고용 형태가 사라진다. 사실 이런 경향은 이미 사이버네틱스의 사회적 도입에 따라 진행되는 중이었다.

스페인의 사회학자 마누엘 카스텔Manuel Castells에 따르면, 지구적 규모의 정보 기술 혁신과 컴퓨팅의 도입에 따른 정보주의(informationalism)는 자본, 노동 및 생산 환경, 사회 시스템, 권력 등 기존 사회의 물적 토대를 근본적으로 변화시키는데, 그 핵심은 고용과 일자리 구조의 패러다임 전환에 있다. 특히 네트 노동자(networker), 실업(jobless), 유연 시간 노동(flex-timers)의 증대가 두드러지며, 기존 자본주의 작업장의 노동과정이 기술과 관계 맺는 방식 자체를 전면적으로 변화시켜 사회 전체의 재조직화로 이어진다.[27] 노동과정, 노동 형태와 내용뿐 아니라 가치가 실현되는 사회적 회로도가 크게 변하는 것이다. 물리적인 자동화 기계류가 집적된 공장에 노동자를 대량으로 고용하는 시대에서, 비물리적인 자동화 기계류로 디지털적 자연을 만들어 놓고, 자율적으로 경작하는 작업자들로부터 세금을 받는 시대로 진입했다. 이제 외주, 하청, 프리랜스가 이 시대의 기본적인 인간 노동의 조건이다.

플랫폼-알고리즘은 여기에 접속된 사람들의 일상을 재조직해 하나의 수행성을 만들어 내며, 인간 삶 활동은 데이터의 교환이나 알고리즘의 기능, 앱과 스크린에 표시되는 위치와 경로, 역할 등으로 환원된다.[28] 상징적이고 수행적인 인간 능력들은 이제 신호나 기계 작동 등으로 흡수되는데, 이 프로세스는 철저히 초과 이익을 발생시키는 노동 행위성으로 짜인다. '좋아요'와 '구독'을 위해 만들어진 제스처와 발화, 리액션을 유발하기 위한 이모티콘과 후원금, 더 빠른 배달을 위해 혹은 페널티를 부과받지 않기 위해 신호를 무시하는 배달 라이더, 높은 평점을 위해 서비스를 제공하는 요식업자와 서비스를 위해 평점을 매기는 이용자 등이 이런 행위성의 자장 안에 포섭된다.

임금 노동이 기존의 기계류와 공장 시스템 가치의 출발점이었다면, 플랫폼-알고리즘은 외주화되고 탈숙련화된 '비임금' 노동, 즉 불안정 노동을 가치의 재료로 삼는다. 배달 노동자, 물류 노동자, 돌봄 노동자, 일용 서비스 노동자, 자영업자 모두 이전부터 존재했지만, 태스크 플랫폼과 이커머스 플랫폼은 이들과 이용자를 초과 연결하고, 새로운 물류 관리·유통·결제 시스템을 도입해 평판 관리와 서비스 평가 등 기존의 기업에서 수행되던 관리 영역을 '소비 패턴', '소비 문화'와 결부해 규모의 경제를 만든다. 플랫폼과 빅테크는 건마다 매칭 수수료를 뜯어가는 방식으로 수익을 챙긴다.

주목할 것은 그 과정에서 엄연히 노동인 활동을 '긱',

'과업', '승차', '부업', '인간 지능 작업', '호의' 같은 용어로 포장하는 데 있다.[29] 그로써 우리는 노동하는 주체가 아니라 '공유', '협력', '호의' 등을 제공하는 개인 사업자나 파트너 등으로 변형된다. 노동의 대가를 받아야 하는 존재가 아니라 스스로 책임을 지는 존재로 교묘히 호명되는 것이다.

영국의 영화감독 켄 로치의 사회적 리얼리즘 영화 〈미안해요, 리키〉는 이를 두고 매우 정확한 용어를 제공한다. 플랫폼 사업자들은 노동자들을 고용(employ)하는 것이 아니라 자신과 노동자들이 사업 공동체이며, 노동자들은 여기에 승차한다(on board)라고 표현한다. 택배 플랫폼에 '승차한' 주인공 리키는 물류, 운송, 배달까지 엄청난 강도의 노동을 수행하지만, 그는 고용된 노동자가 아니라 '승차했기' 때문에 모든 리스크를 혼자 감당한다. 운송 차량은 비싼 돈을 주고 직접 준비해야 하며, 다쳤을 때 보험을 제공받지 못하고, 업무용 기기를 파손하는 바람에 엄청난 손해 배상까지 문다. '승차'란 결국 노동자들에게는 비싼 티켓값을 요구하는 것이지만 플랫폼 입장에서는 무임승차다. 노동과정에서 동반되는 육체적·정신적 위험, 각종 사고나 재해 등은 플랫폼 책임이 아니다. 플랫폼은 이처럼 교묘한 수사학을 동원해 '노동하는 주체라는 환각'을 심어 주고 장막 뒤에서는 온갖 방식으로 책임을 개인에게 떠넘긴다.

이러한 환각은 콘텐츠 플랫폼, 생산성 플랫폼, 커뮤니케이션 플랫폼에서는 특별히 증폭되는 경향이 있다. 태스크·이커머스 플랫폼이 과업(task)과 제어(control)에 초점이 맞춰져 있다면, 콘텐츠·생산성·커뮤니케이션 플랫폼의 핵심적인 기능은 문화의 창조(creation)와 영향력(influence)의 행사이다. 플랫폼-알고리즘의 그물망은 사실 후자에 훨씬 광범위하게, 촘촘히 퍼져 있다. 태스크·이커머스 플랫폼이 야기하는 사회적 문제는 비록 그 영향력이 막강하고 문제가 전혀 개선되고 있진 않더라도 미디어를 통해 어느 정도 널리 알려져 있다. 매일같이 물류 노동자들의 과로사와 배달 라이더의 사고사가 보도되고 있어 이들 서비스직 노동자들을 경계로 내몰고 사회 안전망으로부터 완전히 배제되도록 만드는 방식에 대해서는 기본적인 문제의식이 형성된 상태다. 관련된 연구도 비교적 많이 나오고 있다. 그러나 문화 창조 및 영향에 관한 플랫폼-알고리즘의 착취는 여전히 베일에 가려져 있다. 방송·영화·만화·음악 등 문화 산업 영역에서 행해지던 창의 노동을 포함해, '크리에이터' 또는 '인플루언서' 등 전에 없이 새롭게 대두된 노동 영역도 플랫폼과 알고리즘에 엄청난 영향을 받고 있다. 그런데 여기서 수행되는 노동과정에 대한 이해는 극도로 부족한 상태다. 우리가 주로 접하는 것은 100만 유튜버의 성공 신화, 넷플릭스 진출에 성공한 웹툰 등 현실을 애써 긍정하는 소식들뿐이기 때문이다.

영상 클립을 제작·편집하거나, 1인 방송을 운영하거나, 여행지에서 사진을 찍거나 음식을 먹고 명품 옷과 셀피를 제작하는 활동은 이윤 추구 활동으로는 인식되더라도 그 과정이 노동으로 인식되지는 않는다. 노동의 결과물이 문화 창조 또는 예술의 생산, 미적 재현 등 창의성과 연결되는 경우, 그 자아실현적이고 심미적인 성격 때문에 '좋은 노동'으로 생각되는 경우가 다반사다.[30] 이는 자연스럽게 열정 페이 및 자기 착취를 정당화하는 기제로 이어진다. 창의 노동을 하는 사람들은 자신이 노동과정을 통제하는 자율적인 주체라고 여기지만, 사실상 여기에는 노동 소외와 노동 지배의 현실이 숨어 있다.[31] 현실적으로는 창의적인 노동을 수행하는 사람 중 극소수만 자율성과 소유권을 누리며, 대부분이 임금 노동자들보다 더 나쁜 조건에서 생활하면서도 이를 자기 합리화하는 방식으로 착취를 내면화한다. 이는 OTT나 음원 등 새로운 플랫폼 기반 문화 콘텐츠 서비스 국면에서 더욱 강화되며, 각국의 문화 산업을 지구적인 네트워크 환경 규모에서 재편한다.

특히 유튜브, 소셜 미디어 등 커뮤니케이션 플랫폼에서 이윤 활동을 하는 크리에이터·인플루언서·프리랜서들은 더 큰 구속에 직면한다. 먼저 이들은 자신의 노동 결과물을 경제적 이익으로 연결하기 위해 영상 및 이미지 편집·디자인·문서·클라우드·운영 체계 등 생산성 플랫폼을 사용하면서 비용을 지불해야만 한다. 또한, 이들은 자신의 정동·친밀성을 자본화하면서도 스스로를 '생산자'로 위치시킴으로써[32] 주체라는 환각 효과를 더욱 강하게 내면화한다. 이런 의미에서 플랫폼과 알고리즘으로 연결된 네트워크는 '정동 경제'라고 이해할 수도 있다.[33] 커뮤니케이션 플랫폼의 경우 알고리즘에 의해 창의 노동, 자아실현, 자율성, 그리고 정동에 이르기까지 다중 사이의 가장 복잡하고 내밀한 영역까지 노동으로 전화시키고, 초연결을 이룬다는 점에서 다른 플랫폼들과 차별성을 지닌다고 말할 수 있겠다.

지대 : 디지털 지주와 소작농, 혹은 건물주와 세입자

플랫폼의 다섯 왕국이 제공하는 서비스의 형식과 노동의 내용은 제각각이지만, 그 비즈니스 모델에는 공통점이 있다. 바로 모든 플랫폼이 지대 형식으로 부를 추구한다는 점이다. 태스크 플랫폼과 이커머스 플랫폼의 경우 매칭 수수료를 기반으로, 그리고 콘텐츠 플랫폼과 생산성 플랫폼은 구독료를 기반으로 부가 집적된다. 광고는 이들 네 플랫폼에서 부수적인 영향력을 미치는 요소이다. 내가 주목하는 것은 우리 삶에 가장 광범위하게 침투해 있는 커뮤니케이션 플랫폼으로, 그 매출은 절대적으로 광고 수수료에 의존하고 있다. 커뮤니케이션 플랫폼을 지배하는 경제 논리는 주목 경제(attention economy)다. 사르트르가 강조했던 주체의 타자를 향하는 시선, 대타 존재의 현시는 여기서 가장 경제적인 것으로 바뀐다. 물화된 주목, 그 안을 흐르는 광고 기반 수익의 비대칭성은 타자에게 건네는 대화와 응시를 상품 교환의 로직으로 용도 변경한다.

그렇다면 왜 지대(rent)일까? 지대는 사르트르의 작품 《구토》에 등장하는 주인공, 로캉탱이 자기 존재의 무상함을 깨닫고 타인을 마주할 때마다 구토하는 이유이기도 하다. 서른 살에 불과하지만 이자 생활을 하며 놀고먹는 로캉탱은 노동하지도 않고, 근면이나 인생의 목적에 대해 진지하게 고민하지 않아도 되는 삶에 억류된 인간이다. 타자에 의해 정의되지 않으며, 모험과 갈등이 사라진 인간, 로캉탱은 구토증으로부터 공허와 자기혐오를 느끼지만 자진해서 노동이 있는 삶으로 걸어 들어가지는 않는다. 오늘날 우리의 삶은 어떠한가? 모두가 로캉탱이 되기를 염원하고, 그 삶이 가져오게 될 존재의 무에 대해서는 일말의 울렁증도 느끼지 않는 사회이다. 다들 건물주나 주식 부자가 되어 빨리 현실의 노동이라는 구속에서 벗어나고 싶어 한다. 21세기의 지대는 실존에 관한 물음이 아니라 임금과 노동의 한계를 넘어선 생존이 가능하냐에 관한 즉물적인 질문이 돼버렸다.

재벌가에서 태어나거나 투기로 대박이 나지 않는 이상 이런 꿈을 실현할 수 있을 리는 만무하다. 빅테크가 운영하는 플랫폼은 대중들이 창조한 사회적 생산력을 무상으로 활용해 검색 엔진·알고리즘을 만들고, 독점적인 서비스를 운용하며 광고 수익을 추구한다는 점에서[34] 21세기 디지털 지주나 건물주라고 정의할 수 있을 것이다. 그들은 초연결 기술은 네트워크에 더 많은 대중이 몰려들도록 만들고, 그에 따라 폭발적으로 증가하는 사회적 생산력을 사적으로 점유해 수수료로 돈을 번다. 임금을 주고 노동력을 착취해 잉여를 만들어 내는 자본주의와 달리, 강탈(dispossession)을 통해 축적을 하는 메커니즘인 것이다. 이는 더 이상 값싸고 많은 자원·노동력을 대량으로 동원할 수 없게 된 자본이, 고용도 상품 생산도 없이 네트워크로 연결된 다중의 삶 활동에 올라타(on board) 이윤율 저하를 상쇄하는 국면이라고 이해할 수 있다.

마르크스가 설명하듯이, 지대와 이윤은 다른 성격을 지니고 있다. 지대는 자연력을 독점적으로 소유하는 데서 나오는 초과 수익인 반면, 이윤은 노동력과 생산 수단을 통해 만들어진 상품과 그 판매로로부터 나온 초과 수익으로 이뤄진다. 이윤은 노동력을 착취해서 잉여가치를 뽑아내지만, 지대는 자연력에 의해 고유하게 주어진 희소가치를 독점한 결과 얻어지는 불로 소득이다. 토지와 건물 등의 소유는 소유주에게 독점력을 안겨 주는데, 시장에서는 같은 상품을 두고 다른 생산자들이 경쟁할 수 있는 반면, 토지나 건물은 배타적인 점유를 행사할 수 있기 때문이다. 자본은 터빈이나 동력 기술을 도입해 수력을 더 뽑아낼 수는 있겠지만 수력 그 자체를 만들어 내지는 못한다. 따라서 수력의 이용으로부터 발생하는 초과 수익은 자본으로부터 나오는 것이 아니라 자연력을 자본이 독점적으로 사용함으로써 나오며, 이 초과 수익은 지대로 전화한다.[35] 마르크스가 정확히 봤듯이, 지대는 실질적으로 아무 가치를 생산하지 않는다. 대상화된 노동이 들어가 있지 않기 때문에 자연력 자체는 아무런 가치를 지니고 있지 않지만, 자연력의 가격을 상품 가격에 멋대로 포함하는 것[36]이 지대의 독특한 성격이다.

그런데 유튜브·페이스북·인스타그램 등 커뮤니케이션 플랫폼뿐 아니라 넷플릭스·디즈니 플러스·애플TV 등 콘텐츠 플랫폼, MS와 애플의 생산성 애플리케이션, 구독료, 검색 엔진, 심지어는 광고를 매칭시켜 주는 알고리즘까지 빅테크 자본은 '희소가치를 가진 디지털 자연'을 스스로 창조해 냈다. 플랫폼-알고리즘은 우리가 살아 있음 자체가 곧 데이터와 정보가 되는 인터넷에 숨어들어 삶 자체를 교환 가치로 만들고 그것들을 배타적으로 소유해 지대로 부를 긁어모은다. 우리가 사회적 삶을 살기 위해 페이스북과 유튜브의 사용을 피할 수 있을까? 그것들 사이에 촘촘히 자리 잡은 광고들을 피해 다닐 수 있을까? 플랫폼-알고리즘은 이제 하나의 거대한 지대의 신경망이 되었다.

구글이 직접 발표한 바에 따르면 2021년 구글은 한화로 약 348조 원의 매출을 올렸다. 그중 순이익만 102조 원에 달한다. 페이스북-메타는 2021년 매출 159조 원, 순이익 53조 원을 기록했다. 닉 서르닉이 주장하듯 주요 플랫폼 기업들의 수익의 9할은 광고 수익에 의존하고 있다. 그에 따르면 광고 기반의 플랫폼 환경은 네트워크 효과를 스스로 생산하도록 필연적으로 자동화 알고리즘을 도입할 수밖에 없다. 데이터는 저수익 상품을 고수익 서비스로 전환하고, 데이터 분석은 그 자체로 데이터 생산을 촉진하며 서로는 서로를 더욱 강화한다. 플랫폼 서비스 → 이용자 삶 활동 데이터 분석 → 알고리즘 개선 및 데이터 상품화 → 향상된 플랫폼 서비스 → 이용자 삶 활동 데이터 분석……. 이 무한 반복 속에서 플랫폼은 독점 지대의 성격을 더 강화하고, 자본은 마치 소작농로부터 공물을 받는 지주 혹은 세입자 월세를 받아 생활하는 건물주인 현대의 로캉탱으로 전화한다.

로캉탱은 구토라도 하며 무위도식하는 삶의 공허를 토로했지만, 구글, 네이버, 아마존 같은 기업들의 탐욕스러운 위장에서 역류해서 나오는 것들은 존재의 토사물이 아니라 타인의 삶과 노동을 더 교묘하게 수탈하는 알고리즘들이다. 플랫폼-알고리즘의 신경망은 자본주의의 새로운 토대가 되어, 산 노동이 아닌 죽은 노동을 통해 사회를 바꾼다. 이전의 자본주의는 노동이 곧 임금·일자리와 연결돼 있었으므로, 죽은 노동의 비중이 지나치게 많아지면 공황을 야기하곤 했다. 1929년의 대공황, 1972년의 오일 쇼크, 2008년 서브프라임과 2010년 유럽발 금융 위기 등은 죽은 노동의 사회가 어떤 방향으로 가는지 보여 준다. 이런 과정을 거치며 임금·일자리의 양가성을 깨달은 자본주의는, 플랫폼과 알고리즘을 도입해 상쇄 요인을 만들어 낸다. 죽은 노동의 사회가 된 플랫폼-알고리즘은 무엇보다 노동을 둘러싼 현상학적 실존과 물질적 실존을 소거해 버렸다. "오 플랫폼, 나의 알고리즘이여! 나는 자유롭게 강탈하기 위해 플랫폼에 왔다. 삶의 데이터를 들이마시고 싶다. 노동이 아닌 것을 모두 떨치고, 알고리즘이 아닌 길은 가지 않겠다!"

주목 경제와 인지의 로지스틱스

"영상을 재밌게 보셨다면, 구독과 좋아요, 알람 설정까지!"

우리가 유튜브에 접속해서 시간을 보내는 중 가장 많이 듣는 멘트일 것이다. 라디오 방송이나 TV 홈쇼핑을 즐겨 보는 사람들이 무심코 광고송을 흥얼거리듯이, 사람들은 뭔가에 홀린 것처럼 엄지 척 버튼과 구독을 누른다. 그러나 사람들은 뭔가를 '본다', 혹은 '떠올린다'는 것 자체가 가치를 생성하는 행위가 되고 있음을 알아차리지 못한다.

알고리즘은 어딘가에 시선을 주는 행위 자체를 상품적인 것으로 둔갑시킨다. 플랫폼-알고리즘은 가치 순환의 고립계다. 이 안에서 뭔가를 본다는 것은 곧 구매한다는 것을 의미한다. 그것은 직접적인 물질재 상품일 수도 있고, 브랜드 자아(branded self)가 만들어 낸 콘텐츠일 수도 있다. 전자는 직접적인 잉여가치로 전화되고 후자는 영향력 또는 평판 등의 자산으로 변환된다. 유튜브는 분당 500시간의 동영상이 업로드되고, 하루 평균 150억 회의 조회 수를 발생시키는 지구 최대 규모의 '보고, 떠올리는' 플랫폼이다. 이 중 9할이 광고로 발생한 수익이며, 광고는 끊임없이 우리로 하여금 보다가 '문득' 떠올리게 만든다. 더 많은 광고가 노출될수록, 더 많은 매출이 발생하고, 사람들의 시선이 많이 생성될수록 상품 구매 페이지를 향하는 눈길도 많아진다. 즉 플랫폼을 운영하는 기업이 수익을 더 창출하기 위해서는 더 많은 사람들이 긴 시간 동안 플랫폼 안에 머물면서 뭔가를 계속 보도록 만들어야 한다. 알고리즘은 사람들이 더 오래 플랫폼에서 시간을 보내도록, 더 많이 응시하도록 만드는 기계다. 그런데 우리가 잘 알고 있듯이 기계의 본질은 인간의 작업을 수월하게 해주는 게 아니라 '상품'을 대량으로 생산하는 것이다. 오랜 자본주의 역사를 탐구해 온 마르크스와 노동가치론은 기계가 스스로 가치를 창출할 수 없음을 알려 준다. 가치는 오로지 인간의 노동이 동반되는 한에서, 노동력을 상품으로 만들어 실제보다 더 싼 가격으로 구매하는 과정(다시 말해 임금을 주고 노동력을 구매해, 상품이 판매되는 가격보다 싼값으로 착취하는 과정)을 통해서만 만들어진다.

　　여기서 우리는 근원적인 질문에 도달하게 된다. 알고리즘은 뭔가를 '보고, 떠올리는' 행위 자체를 하나의 상품으로 만드는 것이 아닐까? 2장에서 살펴봤듯이 플랫폼들의 주 수익은 상품의 판매가 아닌 상품 판매를 매개하는 데서 발생한 지대이고, 상품 판매는 광고로 매개된다. 알고리즘은 광고가 선전하는 상품을 만들지도, 스스로 광고를 만들지도 않는다. 알고리즘이 생성하는 것은 바로 '주목(attention)'이다. 주목은 우리가 조건 반사로 응시한 뒤 뇌리에 떠올리는 인지의 과정을 추상화한 결과 그 자체로 상품이 된다. 과거의 기계들이 인간의 육체 동작을 증폭해 분업을 발생시켜 상품을 대량으로 생산하는 수단이었다면, 알고리즘은 상품을 만드는 노동자, 노동자를 고용하는 상품 판매자, 그리고 광고를 만드는 노동자, 광고를 만들어 파는 광고 판매자들 위에 올라타 소비자들을 연결해 주고, 가치로 환산된 '주목'을 생성해 그를 매개로 지대를 발생시키는 기계라고 할 수 있다.

광고를 시청하는 행위를 노동으로 보는 이론은 TV 프로그램의 전성시대인 1980년대에도 꾸준히 제기되고 있었다. 미디어 정치경제학자인 셧 잘리Sut Jhally와 빌 리반트Bill Livant에 따르면 TV 광고 시청은 미디어에 의해 생산·상품화되고, 광고주들에게 판매·유통되기 때문에, 주목은 곧 잉여가치의 맹아가 된다. 시청자는 자신에게 제공되는 무료 콘텐츠를 시청하고, 광고와 버무려진 시청 행위는 노동력처럼 구매된다. 그리고 미디어는 이 시청 시간을 제공한 무료 콘텐츠의 제작 비용보다 더 높은 가격으로 광고주들에게 판매한다. 즉 광고 시청은 최저 임금 기준으로 책정되는 노동력의 가격처럼, 사회적 필요 노동 시간을 사회적 필요 시청 시간으로 환산해, '잉여 시청 시간'을 발생시키는 것이다.[37] 심심풀이로나 혹은 보고 싶은 프로그램을 보다가 광고를 볼 수밖에 없는 시간은 미디어에 의해 포획되어, 광고 시청이라는 노동으로 전화한다.

이러한 주장은 자유주의 진영에서도 물론이거니와, 마르크스주의 노동가치론을 옹호하는 쪽에서도 비판받아 왔다. 노동력을 상품으로 만들기 위해서는 반드시 추상화의 과정을 거쳐야 하기 때문이다. 물리적인 기계들은 육체노동을 추상화하면서 임금이라는 체계를 만들어 낸다. 컨베이어 벨트, 어셈블리 라인은 시간당 상품이 얼마나 생산되는지 그리고 거기에 들어가는 에너지가 얼마인지, 산 노동이 분당 몇 번의 동작이 투입되어야 하는지를 계산한다. 이를 바탕으로 시간당 노동력의 가치가 얼마인지 정량화하는 과정, 노동의 추상화 과정이 있어야지만 실제 가치보다 싼 값의 임금을 노동자들에게 지불할 수 있다. 그 차액이 잉여가치가 되기 때문이다. 직조기, 방직기가 초기 자본주의의 기관으로서 잉여가치를 부로 집적시킬 수 있었던 이유는 바로 투여한 노동력의 실제 크기를 정량화할 수 있었기 때문이다. 이와 관련해서 마르크스는 《자본론》 1권에서 다음과 같이 적는다.

"어떤 재화가 가치를 지니는 까닭은 추상적 인간 노동이 그 속에 대상화되어 있기 때문이다. 그러면 그 가치는 어떻게 측정되는가? 그것은 거기에 포함돼 있는 가치를 형성하는 시체, 즉 노동의 양으로 측정된다. (…) 개별 노동자의 상이한 노동력이 모두 균등한 인간 노동력으로 간주되기 위해서는 사회적 평균 노동력이라는 표준이 필요하며, 어떤 상품을 생산하는 데에도 평균적으로 필요한 노동 시간만이 소요되어야 한다. 사회적으로 필요한 노동 시간이란 주어진 평균적인 사회적 생산 조건하에서 평균적인 숙련과 노동 강도로 사용 가치를 생산하는 데 요구되는 노동 시간이다."[38]

마르크스가 인간의 노동력과 생산 수단이 결합해야만 상품으로 탄생할 수 있다고 본 이유는 기계류가 사회적 필요 노동 시간과 평균적인 숙련도를 산출해 산업 부문에 구조적으로 적용하는 힘을 생성하기 때문이었다. 기계는 일정하게 작동하면서 시간당 상품 생산량을 통해 노동력의 크기를 정확히 추상화할 수 있다. 이렇게 노동 가치의 측정으로 가격이 매겨진 상품은 시장에서 판매됨으로써 비로소 가치를 실현하는데, 상품으로서 판매되는 금액과 상품을 만드는 데 들어간 금액의 차액이 잉여가치가 된다. 광고 시청 시간이 잉여 시청 시간을 발생시킨다는 잘리와 리반트의 주장은 이 때문에 역으로 마르크스주의자들로부터 공격받았다. 1990년대까지만 해도 광고 시청 시간을 대량으로 양산하는 기계는 없었다. TV는 분명 대량으로 광고를 유통하는 수단이었지만, 개인이 광고를 보는 시간당 얼마의 상품이 팔리는지 '사회적 필요 시청 시간'을 산출하는 것은 다른 문제였다. 즉 '광고를 보는 노동'이 성립하기 위해 전제되어야만 하는 추상화의 단계, 생산 수단으로서의 기계류라는 전제가 없었기 때문에 잘리와 리반트의 주장은 소수 의견으로 치부돼 왔다.

시간이 흘러 2000년대 초반, TV와 레거시 미디어의 왕국은 축소되고 본격적으로 플랫폼-알고리즘이 난립하는 시대가 도래했다. 잉여가치를 발생시키는 시청 시간이라는 아이디어는 조나단 벨러Jonathan Beller가 주장하는 '시네마적 생산 양식(cinematic mode of production)'이라는 관념적이고 미학적인 용어로 대체되기도 했다.[39] 미디어 기술 환경이 점점 콘텐츠를 매개해 주는 공급망이거나 공론장이길 넘어 스스로 가치를 실현하기 위해 상품 미학을 개입시키고자 '주목'이라는 기호계를 동반시킨다는 것이다.

이제 청중은 자본주의에서 노동자가 노동으로부터 소외되듯이 스스로의 지각으로부터 소외되는데, 주목 경제는 소외된 인간 지각을 스펙타클이라는 자본의 총체화된 이미지로 인수분해한 결과다. 벨러는 알고리즘을 소프트웨어와 하드웨어의 중간인 웨트웨어wetware로 규정하고, 이것이 인간 주목의 복잡성을 소비 습관, 경향, 라이프스타일 등의 범주로 모듈화해 가치화 과정에 삽입한다고 생각했다.[40] 그러나 벨러는 여전히 알고리즘이 가치를 추상화하는 기계라는 생각에까지는 미치지 못했고, 알고리즘을 컴퓨팅이 아닌 시네마로부터 탈영토화된 스펙타클 시각 체계를 투영하는 미디어·TV·네트워크 전반의 작동 방식으로 다뤘다. 즉 2000년대 초중반의 주목 경제 이론은 여전히 알고리즘을 주체에 의해서 현시된 객체와 주체 간의 물화된 관계로 범주화했다. 이는 생산(직접적인 가치의 생산)이라기보다는 재생산(가치의 생산과 유통구조를 항구화하는 이데올로기 및 권력 관계)에 더 가까우며, 그렇기 때문에 '시네마적 생산 양식'이라는 미학적인 용어로 표현될 수밖에 없었다.

그러나 검색 엔진, 소셜 미디어와 소셜 커머스의 추천·홍보 알고리즘, 유튜브와 거대 언어 모델에 이르기까지 알고리즘은 2000년대 초반에 비해 훨씬 진일보한 데다, 벨러의 생각과 달리 단지 '보는 것'만이 아닌 '느끼고, 생각하고, 읽어 내는' 모든 행위에 개입하게 됐다. 최근 정보 기술과 미디어 네트워크는 청중에게 콘텐츠를 판매해서 이윤을 내는 것이 아니라 광고주들에게 제조된 청중(manufactured audience)을 판매함으로써 이윤을 만든다.[41] 알고리즘은 빅데이터라는 토양으로부터 양분을 빨아들이면서 연산주의의 최종 단계에 진입했다. 미디어 공학자인 에드 핀Ed Finn의 표현에 따르면, 알고리즘은 점점 특이점에 가까워지고 있으며 언어·로고스·기호를 이용해 의미를 추구하는 인간 지능의 종언을 앞당기고 있다.[42] 알고리즘의 실행적 층위는 기계에 해당하는 것으로, 문화의 해석적 층위와의 간극을 메우는 역할을 한다. 즉 논리와 욕망을 하나로 묶고, 순수 수학과 비순수 인간성을 뒤섞는 것이 알고리즘이다.[43] 해석적 층위의 지지부진함은 난독증을 가져오지만, 알고리즘 층위의 장막은 블랙박스를 만든다. 비판에 부딪혔던 1980~1990년대의 잉여 시청 시간 이론과 2000년대의 주목 경제 이론은 역설적이게도 오늘날 플랫폼-알고리즘 환경에서 하나의 실타래로 엮였다.

이제 알고리즘은 사회적 필요 시청 시간과 시네마적 생산 양식을 하나로 묶을 뿐 아니라 그것들의 시간당 기대 수익이 얼마인지를 계산한다. 유튜브가 대표적인 예다. 유튜브의 알고리즘들은 키워드 연관성과 해시태그 단위로 기존 문화적 층위에서의 기호계를 쪼갠 다음, 그것들에 기반해 영상을 추천해 준다. 그런 다음 이용자가 영상을 시청하는 가운데 광고를 몇 초 동안 봤는지를 계산하며, 영상의 시청 시작 시간과 시청 종료 시간의 통계를 바탕으로 추상화된 광고 수익 산출의 준거들을 적용시킨다. 그 결과 콘텐츠 생산자는 수수료의 40퍼센트를 뺀 광고 수익을, 그리고 이용자는 프리미엄 구독 서비스를 지불하거나 무심코 인터넷 쇼핑몰로 들어가 상품을 매개하는 비용으로 이 잉여가치 축적의 구조를 완성하게 된다. 알고리즘이 기존의 산업 자본주의처럼 임금으로 추상화하는 생산 수단으로 쓰이거나, 혹은 스펙터클의 편재를 발생시킨다는 것이 아니다. 그것은 이제 청중을 제조하길 넘어 '주목'을 제조해, 지대에 기반한 가치로 환원하길 지향한다.

미디어학자인 알렉산더 갤러웨이Alexander Galloway가 표현하듯 이제 알고리즘은 그 자체로서 블랙박스다. 이 열리지 않도록 설계된 블랙박스 안에는 계산될 수 있는 상품이 되어 버린 스펙터클과 그것들을 생산하는 '감춰진 생산지'인 공장 바닥이 있다.[44]

만물 정량 평가 : 검색 엔진과 페이지랭크 알고리즘

오늘날 플랫폼-알고리즘의 신경망에서 알고리즘은 '보고, 느끼고, 사고하는' 인간 인지 신경망에 대한 침투를 더욱 가속화한다. 플랫폼-알고리즘이 자아내는 커뮤니케이션의 실행성의 네트워크를 나는 '인지의 로지스틱스'라고 부르고 싶다. 이는 크게 세 가지 층위를 가지고 있는데, 그중에서도 가장 광범위하게 커뮤니케이션을 지배하면서 플랫폼-알고리즘의 토대가 되는 원천은 검색 엔진이다. 네트에 무한하게 널려 있는 비정형 데이터를 포착하고, 그것들을 정형의 것으로 만드는 검색 엔진은 말 그대로 나침반이자 집대성된 디지털 항법 장치라 할 수 있다. 1995년에 오픈 소스 웹브라우저 '넷스케이프 내비게이터(네트 공간 항법사)'가 그 이름을 가지게 된 것도 이런 맥락에서이다. 어떤 키워드로 검색하느냐에 따라 맞이하는 웹페이지가 달라진다. 검색 엔진은 '키워드 연관성'을 바탕으로 해당 키워드와 그 맥락을 같이하는 주변부 키워드들이 포함된 정보(영상, 게시글, 포스팅 등)에 가중치를 부여한 후 위계적으로 출력해 주는 장치다. 이렇게 가중치 점수를 부여받은 정보들은 이용자가 검색한 키워드에 따라 가장 관련성이 높고, 가중치가 높은 순서로 노출된다. 구글의 창업자 세르게이 브린과 래리 페이지는 네트에 존재하는 모든 웹페이지에 수학적 가중치 점수를 매기기 위해 학술 논문 인용 시스템의 정량 평가 시스템을 이식했다. 이 시스템은 수학의 '마르코프 체인' 극한 분포 개념을 도입해, 피인용 빈도가 높을수록 해당 논문이 높은 점수를 부여받도록 고안되었다. 피인용 빈도가 높은 논문은 더 중요도가 높고, 그렇지 않은 논문은 중요도가 낮게 표시된다. 다음 쪽의 그림을 통해 살펴보도록 하자.

이 그림은 극한 분포에 기반한 페이지랭크 알고리즘이 정보의 중요도를 정량에 의해 평가하며, 질적인 영향력보다는 링크 수에 기반하고 있음을 보여 준다. B에서 C를 향하는 화살표는 B가 C를 인용했음을 표시해 주는 것이다. B는 가장 많은 웹페이지가 링크를 건 웹페이지로, 가중치가 가장 높다. C는 가장 많은 링크를 B와 링크를 서로 주고받는 것만으로 B와 거의 대등한 점수를 부여받았다. E는 많은 링크를 갖고 있지만 가중치가 낮은(아무도 링크를 걸지 않은) 페이지들과만 연결되어 있으므로 점수가 매우 낮다. 요컨대 구글이 우리에게

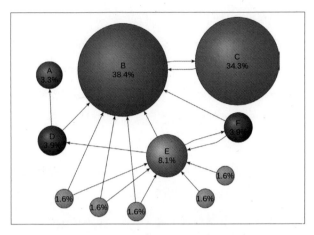

페이지랭크에 의해 부여받은 웹페이지 가중치의 예. 출처: 위키피디아

1페이지 가장 윗줄부터 보여 주는 웹페이지들은 가장 많이 링크가 걸려 있고 가장 많이 본 페이지들이지 '가장 중요한 정보'가 아니다. 구글 검색에 '마르크스'라는 키워드를 검색해 보자. 제일 윗줄의 웹페이지는 위키피디아다. 그 다음은 나무위키다. 그다음으로는 언론사들의 웹페이지가 나열된다(영어로 검색하면 나무위키 대신 브리태니커 백과와 엔사이클로피디아가 그 자리를 차지한다). 위키피디아와 나무위키는 집단 지성이 만들어 내는 웹페이지로 가장 링크가 많이 걸리며, 하이퍼텍스트에서 항상 최상위를 차지한다. 웹에 연결된 사람들 대다수가 '마르크스'라고 검색하면, 무심코 읽게 되는 글은《자본

론》이 아니라 위키가 정리한 마르크스 문서인 것이다.

구글 페이지랭크 알고리즘의 강력한 정량화 아키텍처는 알고리즘 사이의 생존 경쟁에서 최후의 적자가 되었다. 야후를 비롯해 인간 수작업 기반의 트리형 아키텍처들은 점점 밀려났다. 마테오 파스퀴넬리Matteo Pasquinelli에 따르면 구글의 페이지랭크 알고리즘은 디지털 안팎의 모든 인지적 대상에 적용되어, '주목의 가치'를 구체적으로 측정하는 강력한 추상 장치가 되었다.[45] 알고리즘은 모든 것을 계산할 수 있고, 모든 것을 설명할 수 있으며, 모든 계산과 기술을 통일된 하나로 만든다. 알고리즘은 움직이는 지적 사물이며 사실상 상품 형태보다 더 효과적으로 노동자들 사이의 생산 관계를 나타냄과 동시에 그 관계를 조종한다.[46]

페이지랭크 알고리즘은 구글뿐 아니라 수없이 파생된 플랫폼의 가장 핵심적인 기관이 되었다. 오래전 구글에 흡수된 유튜브는 요즘 페이지랭크 알고리즘이 가장 급진적으로 응용되는 플랫폼이다. 유튜브 영상을 업로드할 때 이용자는 영상을 설명하는 글을 삽입할 수 있으며, 검색 알고리즘은 제목, 부제, 영상 설명, 자막, 태그 등으로부터 메타데이터를 추출해 키워드 연관성 단위로 검색 결과를 제시한다. 예컨대 '자동차'를 검색하면 유튜브의 알고리즘은 방대한 메타데이터로부터 이용자들이 검색하고 본 영상의 키워드 연관성

(SUV, 세단, 벤츠, 블랙박스, 전기자동차, 테슬라, 오프로드, 승차감 등)을 찾아내고, 다시 검색 당사자가 이전에 검색 및 시청했던 기록을 기반으로 해당 키워드를 지닌 영상들을 찾아내 가중치를 매긴 다음 큰 순서대로 검색 결과를 제시한다. 최근 유튜브는 이용자로 하여금 영상 설명에 최대 15개의 해시태그를 사용할 수 있도록 했는데, 이는 유튜브 검색 알고리즘이 유튜브 안에서의 검색뿐 아니라 구글 검색, 페이스북과 인스타그램 등 소셜 미디어의 검색 알고리즘과 긴밀히 연동된다는 사실을 시사한다. 페이스북-메타, 인스타그램, 트위터의 검색 알고리즘도 사실상 비슷한 메커니즘으로 작동한다. 페이스북이 관심사를 중심으로, 인스타그램이 사람을 중심으로 피드를 구성한다는 점만 다를 뿐이다.

관계와 트렌드를 팝니다 : 추천과 피드 알고리즘

추천 알고리즘은 유튜브뿐 아니라 소셜 미디어, 소셜 커머스, 배달 플랫폼에 이르기까지 방대하게 축적된 이용자들의 시청 기록과 트렌드 등 메타데이터를 기반으로 다음에 볼 법한 영상·포스팅·상품·인물을 자동으로 추천해 피드에 올려놓거나, 유튜브의 경우 영상을 자동으로 재생하도록 만든다.

유튜브를 예로 들어 보자. '자동차'를 검색해 어떤 영상을 봤다면, 영상이 끝나는 시점에 연관성이 큰 다른 영상들을 제시하고 재생이 끝나면 A 영상을 시청한 사람들이 다음으로 가장 많이 본 B 영상을 추천하는 것이다. 추천 알고리즘은 키워드 연관성만 분석하는 게 아니라 키워드 연관성으로 묶인 이용자들의 콘텐츠 소비 패턴까지 분석한다. 예컨대 '자동차' 관련 영상을 많이 시청한 사람은 '자동차 관리' 영상이나 '모터쇼' 영상도 덩달아 시청하게 되는데, 이는 추천 알고리즘으로 엮인 비슷한 관심사의 이용자들 사이에서 네트워크 효과가 일어난 결과이다. 또한 유튜브에서 추천 알고리즘은 이용자의 국가 전체 단위 메타데이터의 트렌드를 분석해 해당 국가에서 인기를 끄는 동영상 목록(인기 급상승·trending)을 첫 페이지에 추천해 준다. 그 외에도 유튜브의 추천 알고리즘은 좋아요 표시를 누른 영상·포스팅과 키워드 연관성이 가장 큰 영상을 추천해 주기도 하고, 구독 채널에서 새 영상이 업로드되면 알림을 보내거나 자동재생 목록에 올리기도 한다.

페이스북과 인스타그램의 경우, 이용자들의 메타데이터 분석을 기반으로 작동하는 메커니즘은 동일하지만 피드에 추천하는 방식은 조금 다르다. 아카이브의 성격을 띤 유튜브와 달리, 이들 소셜 미디어는 사회 관계망을 주요한 서비스로 하기 때문에 조금 더 관계 중심적이다. 친구를 맺은 사람들, 혹은 팔로워들의 관심사를 연동시키고 비슷한 관심사를 피드에서 계속 제공해 머물도록 만드는 게 소셜 미디어 알고리즘의 전략이다. 예컨대 친구 중 축구에 관심이 많은 사람이 있다면 축구, 스포츠 관련 포스팅이나 광고를 우선순위로 피드에 올려놓고, 비슷한 키워드 단위로 관심사를 가진 사람들끼리 친구를 맺도록 하는 방식이다. 이렇게 고도로 자동화된 알고리즘 기반 환경에서 사회적 행위는 지속적으로 기록되고, 분석되고, 모델링되고, 예측되어 추천을 통해 특정 행위성이 유발되게끔 만든다.[47]

제조된 청중과 주목 : 광고와 홍보 알고리즘

셋째, 광고 알고리즘은 영상과 광고주 사이를 자동으로 매칭시키는 기능을 수행하는데, 이 부분은 매우 정교하게 자동화되어 있다. 검색 알고리즘과 피드·추천 알고리즘이 주목을 추상화하고 주목하는 행위 자체를 상품화하는 기계라면, 광고·홍보 알고리즘은 주목이라는 가치가 실현되도록 편류시키는 기계라 할 수 있다.

기존 미디어 산업과 달리 플랫폼-알고리즘 신경망에서 광고주와 크리에이터는 서로의 존재를 알지 못한 채 연결된다. 수익을 창출하고 싶은 크리에이터는 먼저 구글 애드센스 계정에 가입하고, 해당 영상의 광고 삽입 승인을 받아야 한다. 승인이 되면, 자신의 영상의 카테고리에 따라 광고를 노출하고 싶은 영역을 선택하면 된다. 한편 광고주는 구글 애즈 캠페인 탭에서 자신의 광고를 송출할 수 있는데, 광고하고 싶은 타겟 지역, 언어, 카테고리, 연령대, 성별 등을 설정한 다음 세부적으로 어떤 키워드에 광고가 송출될 것인지를 결정할 수 있다. 마지막으로 광고 송출 기간과 해당 광고가 매칭되는 영상(혹은 웹페이지)에 얼마를 지불할 것인지 최저-최고 상한가 입찰을 설정한다. 이 프로세스가 마무리되면, 구글 애드워즈 알고리즘은 자동으로 키워드 연관성과 해당 영상의 가중치, 광고 입찰가를 분석해 잠재적인 영상 채널과 광고주들을 그룹으로 묶어 경매를 진행한다. 이 과정에서 가장 입찰가가 높은 광고주와 중요도가 가장 큰 채널이 자동으로 매칭되어 우리가 보는 영상에 광고가 들어가게 된다. 키덜트 취미를 콘텐츠로 하는 크리에이터의 영상에 소형 드론이, 패션 스타일 관련 영상에 화장품과 옷이, 요리 크리에이터 영상에 주방 기기 관련 광고가 노출되는 식이다.

광고 알고리즘은 과거 회사의 경영팀과 홍보팀에서 하던 시장 조사와 이용자 만족도 조사 등의 작업을 고도로 자동화한 결과물이라 할 수 있다. 구글은 이처럼 자사 플랫폼을 투과한 광고 수익의 매칭 수수료로 막대한 부를 축적하는데, 유튜브 크리에이터의 경우 광고 수익의 약 40퍼센트를, 그리고 광고주로부터는 해당 광고 수익의 약 28퍼센트를 수수료로 과금한다. 페이스북과 인스타그램도 사실상 동일한 광고 알고리즘을 사용하며, 다만 크리에이터의 영상에 끼워 넣는 방식이 아닌 피드에 관심사와 관계 맺은 사람들(팔로워, 친구)이 공유하는 키워드 연관성을 바탕으로 광고가 삽입된다는 점이 약간 다르다.

검색 알고리즘과 추천 알고리즘, 그리고 광고 알고리즘은 마치 기계의 작동기와 제어기가 유기적으로 기능을 수행하듯이 이용자의 활동과 데이터를 대량으로 만들어 내고 또 끝없이 상품으로 가공해 유통하고 심지어 소비하도록 만든다.[48] 나의 이전 연구에 따르면, 유튜브의 총 재생 시간의 70퍼센트는 이용자가 직접 영상을 찾아 플레이한 것이 아니라 키워드 연관성에 입거한 추천 알고리즘이 자동으로 재생한 것이었다. 유튜브는 2007년 이후 그간 축적한 이용자 데이터를 바탕으로 해서, 검색과 추천 알고리즘을 강화했는데 이는 이용자들의 개인적 취향을 분석해 반영한 결과이기도 하지만 거꾸로 이용자들이 자신의 개인적 취향을 알고리즘 추천에 맞춰 바꾸기도 하는 결과를 야기했다.[49] 이제 크리에이터들과 이용자들은 구글 트렌드 분석을 토대로 해서 유행하는 키워드를 중심으로 콘텐츠를 만들거나, 알고리즘을 타깃으로 해서 제목·설명에 키워드 및 해시태그를 의도적으로 삽입한다. 이렇게 '제조된' 콘텐츠를 따라 주목이 형성되고, 이용자들이 플랫폼에 머무는 시간이 증대됨에 따라 부도 증가하지만, 무엇보다 이용자들 자체가 '제조된 청중'이 된다는 점에서 문제적이다. 그뿐만 아니라 오늘날 알고리즘의 핵심적인 메커니즘으로 평가받는 구글의 페이지랭크 알고리즘은 더 큰 스노우 볼을 발생시킨다. 사람들이 영상이나 포스팅을 검색할 때 가장 먼저 사용하는 도구가 구글 검색 엔진이기도 하지만, 유튜브와 소셜 미디어의 검색·추천 알고리즘이 키워드 단위로 가중치를 연산해 노드들을 연결하는 핵심 논리가 페이지랭크이기 때문이다.

이탈리아의 이론가인 마테오 파스퀴넬리Matteo Pasquinelli에 따르면 페이지랭크는, 미디어를 뒤덮은 사회적 욕망과 지식을 축적해 상품화된 주목 경제로 이끄는 데 결정적인 역할을 했다. 중요한 것은 페이지랭크 알고리즘이 플랫폼-알고리즘 신경망에서 경제적으로나 정치적으로나 범용적인 기구(apparatus)가 되어 버렸다는 것이다. 알고리즘은 기계인 동시에 컴퓨터화된 이데올로기 그 자체다. 페이지랭크는 키워드 검색 결과를 연산된 밸류값에 따라 높은 점수의 웹페이지를 순서대로 나열하는데, 웹페이지에 연결된 노드 중 하이퍼링크를 가장 많이 연결한 노드에 가중치 점수를 부과한다. 구글의 검색 결과는 '사람들이 가장 많이 본 순서대로' 나열된 것이기도 하지만 그것은 오히려 원인이 아니라 결과다. 링크가 가장 많은 '가장 정량적이고 세속적인' 노드의 게시물부터 보여 주기 때문에 사람들은 그 웹페이지를 가장 많이 보고, 신뢰하고 또 퍼뜨리게 된다. 이 과정에서 확증 편향과 필터 버블도 덩달아 발생한다.

이처럼 페이지랭크는 이용자들이 생성한 검색 결과와 링크 연결을 바탕으로 '주목'에 도구적 합리성에 따른 가치를 부여한다. 질보다는 양이, 사유보다는 효율성이 우선시되는 것이다. 페이지랭크는 정보와 데이터를 고유의 정성적 가치뿐 아니라 중요도나 인기도에 대한 특정 정의에 따라 분류함으로써 세상에 위계질서를 창조하는 도구이자 그 자체로서 체계가 된다.[50] 페이지랭크 알고리즘은 지식을 생성하는 이전 단계인 정보, 정보 이전 단계인 데이터들 사이의 접속 과정을 자동으로 동기화할 뿐 아니라 그 과정 자체를 대량으로 생산한다.

키워드를 검색하면 유튜브 영상이 가장 먼저 표시되고, 사람들은 유튜브 영상을 보고 구독, 좋아요를 누르거나 자신의 소셜 미디어에 공유한다. 페이스북, 인스타그램의 알고리즘은 다시 이 키워드 연관성을 바탕으로 이 영상을 볼 법한 사람들에게 피드의 최우선 순위로 영상 링크를 올리고, 사람들은 여기에 또 좋아요를 누르거나 리트윗, 해시태그 공유를 한다. 여기에 유튜브의 알고리즘과 연동되어, 영상 시청 시간과 광고 시청 시간은 스노우 볼 효과로 비약적인 증대를 이룬

각 형태별 알고리즘의 기능과 부작용

구분	페이지랭크 알고리즘	추천(피드) 알고리즘	광고(홍보) 알고리즘
메커니즘	마르코프 체인 기반, 학술 논문 인용 시스템의 피인용 지수(정량 평가)에 따른 정보와 지식의 우선순위 연산·위계화	이용자 활동에 대한 트렌드 분석, 그에 따른 개인별 맞춤 콘텐츠 제공 및 담론 형성	이용자의 콘텐츠 기록 및 구매 기록에 대한 분석에 따른 개인별 맞춤 광고 제공. 광고주-광고 매칭의 자동화
부작용	정보와 지식의 계량화, 인간 지적 활동의 질적 저하	확증 편향, 상징 궁핍, 기계적 예속, 탈진실	인간 삶 활동 전체에 대한 상품화(주목 경제)

다. 그러니까, 구독과 좋아요, 알람 설정은 이제 단순한 신호나 표지판이 아니라 '추상화된 주목 가치'의 척도이면서 블랙박스 안에서 도사리고 있는 광고 시청 시간·키워드 연관성·해시태그·광고 매칭 등의 다른 기술 요소들에 조응하는 '사회적 필요 시청 시간'이자 주목의 잉여가치가 되어 버린 것이다. 핀이 비판하듯이, 페이지랭크는 사람들의 주목을 이용하는 경제에서 필수 통화인 아이디어의 순환을 위한 기본 색인을 구축하고, 애드센스라는 시장 입찰 시스템을 이용해 검색결과에 기반을 둔 광고를 판매하기 시작하면서 전에 없던 규모의 주목을 현금화하는 데 성공했다.[51]

광고, 구독료, 후원을 통한 주목의 가치 실현

주목에서 가치가 만들어지려면, 주목의 형태로 응축된 잉여 가치소가 실현되어야만 한다. 플랫폼-알고리즘을 통해 걸러진 주목은 지대의 형태로 가치를 실현한다. 이 지대는 크게 세 가지 형식, ①광고(수익 배당금, 매칭 수수료, PPL), ②구독료, ③후원금으로 이뤄져 있다.

①광고 수익은 플랫폼-알고리즘을 운용하는 자본과 그 안에서 일하는 크리에이터 모두가 가장 의존하는 부문이다. 어떤 크리에이터가 유튜브에 동영상을 업로드할 때, 광고를 삽입할 수 있는 옵션을 설정할 수 있다. 이 설정에 따라 광고 매칭 알고리즘인 구글 애드센스에 의해 광고주와 자동으로 연결된다. 애드센스는 동영상 재생 기반을 기준으로 시청 시간을 계산해 예상 수익을 알려 주고, 더 많은 광고를 더 긴 시간 동안 재생하도록 유도한다. 또한 광고는 광고주가 크리에이터가 직접 계약하는 것이 아니라 구글 애즈에 가입한 광고주와 키워드 연관성으로 자동 매칭되어, 입찰도 자동으로 진행된다. 이렇게 해서 발생한 수익을 구글과 스트리머가 45:55로 배분한다. 즉 구글은 유튜브에서 광고 자동 매칭 알고리즘에 홍보 알고리즘, 추천 알고리즘, 페이지랭크 알고리즘, 피드 알고리즘을 연결해 주목에서 지대로의 가치 실현 순환을 만든다. 유튜브의 알고리즘들은 키워드 연관성과 해시

태그, 검색 기록을 바탕으로 우리에게 끊임없이 동영상을 재생(즉 광고를 시청시키도록)해, 주목을 가치로 전환한다. 그리고 페이스북과 인스타그램의 피드 알고리즘과 광고 알고리즘은 유튜브의 알고리즘과 페이지랭크와 맞물려 돌아가면서 주목의 네트워크 효과를 창출한다. 우리는 유튜브에서 본 영상을 페이스북에서도 보고, 인스타그램에서도 본다. 이 영상들이 공유하고 있는 키워드와 해시태그에 따라 비슷한 콘텐츠를 끊임없이 재생하고, 무수한 광고들의 개입 속에서 주목은 가치를 실현하게 된다.

구글은 이렇게 발생한 광고 수익의 45퍼센트를 떼어 가지만, 이용자와 그 어떤 노동 계약서도 작성하지 않는다. 말하고, 읽고, 쓰고, 좋아하는 활동으로부터 비정형 데이터들이 만들어지고, 빅테크는 그 비정형 데이터를 분석해 메타데이터를 만들며, 그로부터 알고리즘이 만들어지고, 알고리즘은 다시 메타데이터를 분석해 스스로를 개량한다. 이 사이의 가치 생성과 실현의 노드들을 연결하는 것은 광고다. 유튜브의 첫 페이지, 페이스북의 첫 피드에서 우리가 읽고 분석하는 것은 스스로의 결정이 아닌 알고리즘에 의한 것이고, 그 사이사이에는 광고가 있다.

②구독료 수익은 채널 차원의 유료 구독료와 플랫폼 전체 차원의 유료 구독료 두 가지 형태로 나뉜다. 채널 차원의

유료 구독료를 운영하는 대표적 사례는 트위치TV라는 방송 크리에이터 전문 플랫폼이다. 트위치의 시청자는 자신이 좋아하는 크리에이터의 채널을 유료로 구독할 수 있으며, 지불 비용(4.99달러/9.99달러/24.99달러)에 따라 티어1/티어2/티어3 등급으로 나뉜다. 구독료 수익은 크리에이터와 트위치가 50:50 비율로 나눠 가지는데, 스트리머의 50 부분에서 다시 세금과 결제 수수료를 뺀 금액이 실제로 입금된다. 원천 징수 소득세 10퍼센트, 결제 방식에 따라 결제 대행업체가 책정한 각 결제 수수료, 마지막으로 조세 협약을 맺지 않은 국가일 경우 30퍼센트의 추가 수수료가 더해진다. 한국의 경우 미국과 조세 협약이 맺어져 있기 때문에 한국 시민임을 인증하면 이 30퍼센트는 면제된다. 트위치TV는 현재 한국에서 서비스를 철수했다. 비슷한 비즈니스 모델을 운영하는 예는 아프리카TV에서 볼 수 있다. 아프리카TV의 채널 구독료는 3300원이다. 트위치TV나 아프리카TV나 좋아하는 채널을 유료 구독하면 다양한 전용 혜택(구독자 전용 채팅, 광고 스킵, 구독자 뱃지, 구독자 전용 이모티콘)을 활용해 크리에이터와 더 긴밀한 관계를 맺을 수 있다.

플랫폼 전체 차원의 구독료로 수익을 배분하는 대표적인 플랫폼은 당연히 유튜브이다. 유튜브에서 이용자들은 좋아하는 크리에이터의 채널을 무료로 구독할 수 있다. 대신 유튜브는 모든 광고 시청을 면제해 주는 프리미엄 구독료 시스템(2024년 한국 기준 월 1만 5900원, IOS 1만 9500원)을 운영한다. 구글은 영상을 업로드하는 자의 채널 구독자 수, 영상의 광고 시청 시간, 총 영상 시청 시간, 시청 시작 지점과 종료 지점, 조회 수 등을 계산한 다음 프리미엄 구독자의 수와 광고 수익 지분(수수료 45퍼센트)를 반영한 다음 크리에이터에게 배당 형식으로 수익을 분배한다. 내가 영상을 올렸을 때 정확히 얼마를 버는지는 알 길이 없다. 구글은 우리에게 '예상 수익'을 알려 주지만, 알고리즘이 어떤 식으로 주목을 '예상 수익'으로 배분해 주는지 정확한 메커니즘은 아무도 모른다.

③후원금은 모든 커뮤니케이션 플랫폼이 운영하는 수수료 창구로, 크리에이터들에게는 가장 직관적이고 비중이 큰 수익이다. 후원금은 영상 콘텐츠도 제작과 더불어 생방송을 하는 크리에이터들에게 해당하는 방식이다. 유튜브의 경우 슈퍼챗이라는 후원 시스템을 통해 방송 중인 크리에이터에게 실시간으로 기부할 수 있으며, 유튜브 측에서 부가 가치세를 부담하는 동시에 수수료로 30~37퍼센트를 수취해 간다. 트위치에서는 자체 운용하는 트위치 비트를 먼저 구매한 후 비트를 소모하여 크리에이터에게 후원할 수 있는데, 크리에이터에게서 수수료를 수취하는 것이 아니라 기부자로부터 부가 가치세를 포함한 수수료를 수취하는 방식을 취한다.

예컨대 시청자가 트위치에서 크리에이터에게 1달러를 후원하고자 한다면 100비트가 필요한데, 100비트를 구입하려면 기본 수수료와 부가세를 포함해 54퍼센트가 추가된 금액인 1.54달러를 트위치 측에 지불해야 한다. 비트를 많이 구입할수록 수수료 비율은 낮아져서, 최대 구매 가능 금액인 2만 5000비트를 구매하고자 한다면 42퍼센트의 수수료를 더한 338.80달러를 지불해야 한다. 즉 트위치 비트는 후원자로 하여금 후원액의 42~54퍼센트를 추가 지불하도록 한다. 여기에 트위치와 유튜브 모두 환전 수수료(달러-원화, 위안화-엔화 등)를 후원자가 별도로 부담해야 한다. 원화의 경우 자동으로 미국 달러로 해외 결제되기 때문이다. 유튜브 슈퍼챗과 트위치 비트 모두 후원 금액이 많을수록 후원자가 방송 화면에 띄울 수 있는 메시지의 길이와 후원 표시가 화면에 머무르는 시간이 길어진다.

트위치(트위치 비트)와 유튜브(슈퍼챗) 모두 자체적인 후원 시스템을 운용하면서 별도로 외부 결제 대행사의 후원 시스템인 '트윕'과 '투네이션' 두 가지 서비스를 동시에 제공한다. 즉 트위치와 유튜브 이용자는 세 가지 경로를 통해 스트리머에게 후원할 수 있다. 트윕과 투네이션 둘 다 결제 시 후원자로부터 부가세 10퍼센트를 추가 지불받기 때문에, 1달러를 후원하기 위해서는 1.1달러를 각 업체에 결제해야 한다. 크리에이터가 1달러를 후원받으면, 결제 방법에 따라 책정된 각 수수료를 뺀 나머지 금액을 트윕과 투네이션 측으로부터 정산받는다.

하나의 예를 만들어 보자. 시청자 A가 트위치TV에서 생방송을 하고 있는 크리에이터에게 미션에 성공하면 100달러를 후원하는 '내기 미션'을 제안한다. 크리에이터가 미션에 성공하면 A는 트윕을 통해 신용 카드로 부가 가치세 10달러와 환전 수수료 1달러 포함 111달러를 결제한다. 100달러에서 신용 카드 수수료 3.3퍼센트, 원천 징수 소득세 3.3퍼센트, 트윕 서비스 수수료 1퍼센트를 제외한 76달러가 정산일에 크리에이터의 계좌로 들어온다. 이 스트리머는 다음날 유튜브에서도 같은 콘텐츠로 생방송을 하는데, 이번에는 B가 슈퍼챗을 통해 100달러를 결제한다. 유튜브는 따로 부가 가치세 없이 순수하게 100달러만 결제하도록 하지만, 대신 후원금의 37퍼센트를 제외한 63달러를 B에게 정산해 준다. 우버와 같은 모빌리티 플랫폼이 평균 20~25퍼센트 사이의 수수료를 수취하는 것을 생각하면, 커뮤니케이션 플랫폼에서 주목이 지대로 실현되는 과정에서는 실로 엄청난 부불 노동(임금을 지불하지 않는 노동) 부문이 도사리고 있음을 추론할 수 있다.

커뮤니케이션 플랫폼만 놓고 보자면, 가치의 생성에서 교환, 실현에 이르기까지의 전 프로세스는 이미 알고리즘에 의해 고도로 자동화된 상태다. 플랫폼-알고리즘에 수없이 교차되는 이용자, 광고주, 크리에이터의 활동은 하나의 신경망처럼 서로에게 상보적이고 또 필수적이다. 그렇기 때문에 알고리즘이라는 아키텍처보다 더 중요한 것은 알고리즘이 포착하고 가치화하며 실현하는 주목의 자본주의적 동역학, 플랫폼-알고리즘의 신경망이다. 이는 두 가지 측면에서 문제적인데, 하나는 자발적이고 자유로운 이윤 추구 활동들을 네트워크 효과 속에서 플랫폼의 독점적 부로 집적시키는 '자율화(autonomation)'를 추동하는 것이고 다른 하나는, 가치를 생성하고 실현하는 개별 활동들을 통제하는 알고리즘에 이용자들이 개입할 수 없다는 것이다. 즉 알고리즘은 그 자체로서 이미 결정화된 권력 관계다. 정보사회학자 백욱인이 지적하듯이, 플랫폼은 감시자가 스스로를 보이지 않게 만들면서 피감시자를 보는 광학기계인 파놉티콘과 같다. 이용자들은 인터페이스와 재현에 몰입한 채 플랫폼의 구조를 들여다볼 수 없으며, 파놉티콘은 플랫폼 아키텍처 내부(즉 알고리즘에)에 있다.[52]

노동과정론의 창시자인 해리 브레이버만Harry Braverman은 기계를 통해 노동과정을 지배하는 인간의 능력은 직접적인 생산자에 의해서가 아니라 자본의 소유자나 대리인에 의해서 생산을 통제하는 주요한 수단으로 기능하며, 기계는 생산자나 연합의 소유물이 아닌 어떤 외적인 힘(잉여가치 축적)

의 소유물로 남게 된다고 설명한다.[53] 그러나 그뿐만이 아니다. 물리적 힘만의 자동화를 넘어서 인간 행위자의 관심의 항상적 분산, 반응의 즉각성을 기술적으로 편재화하는 것이 핵심이다.[54] 요컨대 긴밀하게 구조화된 플랫폼-알고리즘 신경망은 생산관계를 만들고, 또 재생산을 순환시키는데, 그 대미를 빅테크-이용자 간 비대칭적인 권력 관계를 형성하는 것으로 마무리한다. '알고리즘 통치성(algorithmic governmentality)'이 두뇌를 뒤덮고, 정치의 가능성은 사라진다. 동시에 인간의 인지·창조적 능력을 확장하거나, 네트워크에 접속한 노드들 사이에 라포를 형성하는 도구가 아니라, 잉여를 추출하는 인지 기계 — 즉 노동가치론에서 기계와 생산 수단에 해당하는 불변 자본의 핵심적인 요소로 포착된다. 이제 브레이버만의 노동과정론을 플랫폼 — 알고리즘 신경망이라는 개념 속에서 재구성해, 커뮤니케이션 플랫폼 안에서 어떤 노동과정들이 동반되는지 주로 크리에이터들과 영상 편집자들의 사례를 중심으로 살펴보도록 하자.

4 　　　　　　　　　알고리즘 노동과정 ;
　　　　어떻게 일하고, 착취당하는가

알고리즘 노동과정의 분석 방법

플랫폼-알고리즘 신경망에서 이윤을 추구하는 참여자들이 어떻게 일을 하는지 그 노동과정을 실증적으로 이해하는 것은 매우 중요하다. 2장에서 우리는 플랫폼-알고리즘 신경망의 다섯 형태를 탐구하며 가치 축적 운동의 핵심이 임금에서 지대로 이동했음을 논의했다. 3장에서는 알고리즘의 정량화 동역학이 과거 산업 기계가 수행하던 구체노동의 추상화를 '주목'의 형식으로 변주하고 있음을, 주목으로 가치가 평가된 노동의 결과물이 '인지의 로지스틱스'를 타고 독특한 가치 실현 양태를 자아내고 있음을 확인했다. 이 장에서는 플랫폼-알고리즘 신경망에서 실질적으로 노동이 수행되는 과정을 들여다봄으로써 착취가 어떻게 내면의 착취로 이어지는지, '잉여'가 어떻게 발생하는지를 논증하도록 한다.

이 책은 다섯 형태의 플랫폼-알고리즘 중에서도 가장 큰 지분을 차지하고 있는 커뮤니케이션 플랫폼(유튜브, 검색 엔진, 소셜 미디어, 1인 크리에이터)의 알고리즘 노동과정을 집중적으로 분석한다. 왜 커뮤니케이션 플랫폼인가? 모빌리티 플랫폼, 이커머스 플랫폼, 생산성 플랫폼, 컨텐츠 플랫폼은 기존에 물리적·문화적으로 존재하던 노동 형태들을 파편화한다. 그러나 커뮤니케이션 플랫폼에서 알고리즘은 전에 없이 새로운 인지적 활동들을 잉여가치소로 포획한다. 조회 수, 구독자, 좋아요, 시청 시간, 공유 횟수 등이 그것이다.

예컨대 모빌리티 플랫폼은 요식업을 하는 자영업자의 노동과 배달부의 노동을 교차시키는 동시에 분열시킨다. 이커머스 플랫폼은 과거 제어 혁명이 추동했던 과잉 생산-과소 소비의 공백을 물류와 유통의 유연화로 채워 넣는다. 콘텐츠 플랫폼은 과거 방송국·출판사·엔터테인먼트 등 문화 산업에 연동되어 있던 문화 창조 노동을 맷돌로 갈아 1인 노동의 개미굴로 재편한다. 생산성 플랫폼은 빅테크가 추출하는 원료인 비정형 데이터를 대량으로 만들어 내는 한편 소프트웨어 개발·R&D·품질 관리 등 기업이 직접 수행하던 피드백을 이용자들에게 외주한다.

그러나 삶의 일반적인 인지 활동을 실질적으로 포섭하고 추상화하는(다시 말해 인지 자동화와 헤테로메이션) 방식, 전에 없던 노동 형태와 상품 형태들을 현상하는 힘은 소셜 미디어와 유튜브 등 커뮤니케이션 플랫폼으로부터 나온다. 이 새로운 플랫폼-알고리즘 신경망에서는 이전에는 상품이 아니던 것들이 상품이 되고, 노동이 아니던 것들이 노동이 된다. '알고리즘 노동'만의 고유한 특징이라 부를 수 있는 측면들은 이처럼 커뮤니케이션 플랫폼에서 처음 선보인 것들이다. 그것은 알고리즘에 연결된 채, 알고리즘의 동학에 따라 인지의 과정을 완전히 재창조하는 노동이다. 인지의 로지스틱스가 가장 활발하게 일어나는 부문도 바로 여기, 베일에 가려진 알고리즘 노동과정에 있다. 나는 이러한 알고리즘 노동과정의 독특한 성격을 분석하기 위해 크게 두 가지의 방법을 통해 접근했다.

첫째, '주목'이라는 부의 실질적 창조자들인 크리에이터들과 영상 편집자들의 커뮤니티를 2021년 10월부터 2023년 12월에 이르기까지 약 26개월 동안 모니터링하며 인터넷 에스노그라피Internet Ethnography의 방법으로 탐구했다. 이 시기는 코로나19 감염병 확산으로 인해 사람들이 그 어느 때보다도 집에 머무는 시간이 많았던 때로, 커뮤니케이션 플랫폼의 이용과 소비가 폭발적으로 팽창했다. 이들 크리에이터들이 구인 구직 활동을 하고, 작업 환경에 대해 솔직한 대화를 나누며, 자신들에게 유용한 정보를 습득하고 노동 환경을 평가하는 공간은 편집자 커뮤니티와 인터넷 구인 구직 플랫폼이다. 대부분의 크리에이터들은 프리랜서로 자신의 콘텐츠를 제작하거나 혹은 방송국·프로덕션 등으로부터 받은 외주작업, 혹은 건당 작업 중심의 온디맨드On-demand 노동을 한다. 이들은 주목으로 추상화되기 전 단계의 유용한 문화적 생산물을 직접 만드는, 알고리즘 노동과정의 제1 당사자들이다. 이들은 어딘가에 소속되거나 직접 고용되지 않고 유연하게 자신의 노동 시간을 할애하기 때문에 기존의 직장 내 조직이나 노동조합과 같은 오프라인 커뮤니티를 형성하는 일이 거의 없고, 따라서 작업 조건을 토로할만한 접촉도 표피적으로만 이뤄진다.

마르크스가 《자본론》에서 이야기하는 '비밀스러운 생산의 장소'는 공장 지하의 최하층에 출입 금지 팻말이 붙은 곳으로, 잉여가치를 만들어 내는 실질적인 노동력의 소비가 이뤄지지만, 우리가 문을 열고 들여다볼 수 없는 곳이다. 알고리즘은 이 팻말이 붙은 공간을 다시 명패가 붙은 여러 독방으로 잘게 쪼개어 당사자들이 그 안에서 행해지는 노동과정조차도 서로 조망할 수 없도록 만든다. 크리에이터·영상 편집자들은 대개 자신의 집에서 혼자 작업을 하는데, 이 순간 집은 '비밀스러운 생산의 장소에 숨겨진 패닉 룸'이 된다.

크리에이터나 영상 편집자들은 돈을 많이 벌건 적게 벌건 불안정하고 고립된 1인 노동 환경에서 삶을 살며, 연대할 만한 조직이나 사회적 네트워크가 다른 직종에 비해 매우 느슨하고, 무엇보다 스스로의 정체성을 확인하는 참조 집단과의 연대 활동이 미미하다. 인터넷 에스노그라피는 알고리즘 노동과정의 당사자들이 인터넷에 남겨 놓은 발자국(게시물, 답변 글, 댓글, 추천 수, 조회 수 등)을 추적하며 이들이 공통으로 느끼는 문제를 알아내고, 숨겨진 패닉 룸에서 흘러나오는 신호를 포착하는 방법이다. 나는 크리에이터·영상 편집자들이 활동하는 인터넷 커뮤니티 여섯 곳을 설정하고, 2년 이상 모니터링하며 게시글과 댓글을 중심으로 에스노그라피를 수행했다.

국내의 경우 크리에이터들이 거대 포털이나 커뮤니티를 형성한 경우는 없고, 디시인사이드의 크리에이터 갤러리, 케이튜브, 크릿미, 온에어링, 트게더, 편집몬 등 다양한 사이트에서 소규모로 커뮤니케이션한다. 트래픽이 가장 높은 커뮤니티는 디시인사이드 크리에이터 갤러리였고, 노동과정에 대한 유의미한 정보 집적이 이뤄지는 사이트는 트게더의 구인 구직란과 편집자 커뮤니티, 편집자 전문 구인 구직 사이트인 편집몬이었다. 이들 커뮤니티의 게시판에서 특히 1년 이상 경제 활동을 한 경험이 있는 것으로 판단되는 이용자들의 게시글을 집중 추적했다. 주요한 대상은 1만 명 이상의 구독자 채널을 보유한 크리에이터, 그에 해당하는 채널의 영상 편집 및 관리를 하는 작업자 또는 스스로 영상 제작에서 편집까지 다 하는 크리에이터들이다. 이 커뮤니티들의 특징은 익명·유동IP 사용이 가능해 크리에이터들이 작업을 하면서 겪는 고충이나 부조리를 날것의 언어로 접할 수 있으면서도(디시인사이드) 구직과 고용이 이뤄지는 곳이기도 해서 구독자 수, 페이, 작업 조건과 관련된 구체적인 정보를 수집할 수 있다는 점이다. 덕분에 이들 커뮤니티들을 모니터링하며 알고

심층 면접 대상자

	구분	연령대	성별	주요 콘텐츠	작업 형태
1	크리에이터 A	30대 초반	남	무속 신앙, 주역, 전통문화	개인
2	크리에이터 B	30대 초반	여	어린이용 애니메이션	외주/비정규직
3	크리에이터 C	20대 후반	여	방송국 유튜브 채널	외주/비정규직
4	크리에이터 D	20대 후반	여	일상 브이로그, 뷰티, 스킨 케어	개인
5	크리에이터 E	20대 후반	여	방송국 유튜브 채널	외주/비정규직

리즘 노동과정에 대한 비교적 상세한 데이터를 획득할 수 있었다.

둘째, 나는 크리에이터들의 살아 있는 경험들을 좀 더 면밀히 포착하고자 심층 면접을 통한 전통적인 에스노그라피도 함께 수행했다. 면접은 단독으로 회당 60~90분, 대면 면접과 줌 화상 면접을 번갈아 진행했다. 면접이 행해지기 전까지는 면접 대상자들이 운영하는 소셜 미디어와 유튜브 채널을 빠짐없이 모니터링했고, 따라서 사전에 어느 정도 라포를 형성한 상태에서 심층 면접을 진행할 수 있었다.

　크리에이터들이 소통을 대부분 온라인 커뮤니티에 의존하는 이유는 두 가지다. 고립되고 불안정한 작업 조건으로 인해 또래 집단의 정체성 형성이 어려운 점도 있지만, 다른 일자리에 비해 평판이 매우 크게 작용한다는 점 때문이다. 개인 채널을 운영하는 크리에이터는 평판이 하나의 자산이기 때문에 이를 관리하기 위해 큰 노력을 들여야 하며, 편집을 전문적으로 하는 크리에이터의 경우도 비정규직 또는 외주 전문 프리랜서로 활동하기 때문에, 평판이 좋지 않은 경우에는 자칫 활동에 큰 제약을 받을 수 있다. 이들은 외로이 떨어진 채, 알고리즘에 연결되어 '언제나 작동 중'[55]인 작업자들이다.

　연구자와의 면접은 그들이 좀처럼 생각해 보지 않았던 자신의 정체성, 소속감, 작업의 실체에 대해서 스스로 자각하는 계기가 되기도 했다. 연구자와 깊은 라포를 형성한 크리에이터 B의 경우, 다년간 자신이 외주한 작업의 계약서들을 연구자에게 제공하며 부조리한 알고리즘 노동 환경의 개선을 촉구할 정도였다. 나는 철저한 신상 정보 은닉을 약속한 뒤 심층 면접을 진행해 녹취록으로부터 날데이터를 수집하였다. 인터넷 에스노그라피와 심층 면접을 진행하면서, 나는 플랫폼-알고리즘 신경망에서 실질적인 부의 창출에 기여하는 노동과정이 무엇인지 크게 세 가지 형태로 구체화할 수 있었다.

메타데이터의 인클로저

플랫폼-알고리즘 신경망이 작동하기 위해서는 먼저 많은 양의 데이터가 있어야 한다. 정리되지 않은, 무질서하고 방대한 데이터 덩어리를 비정형 데이터라 부른다. 이는 소설가 보르헤스가 묘사한 '바벨의 도서관'에 비할 수 있다. 바벨의 도서관에는 인류가 사용하는 모든 기호가 무작위로 조합된 책들, 다시 말해 아무런 의미도 구조도 없는 책들이 무한대로 생성된다. 진리를 갈구하며 도서관에 찾아온 사람들은 혼돈 속에서 길을 잃고 방황하다 결국 미쳐 버린다. 이 책들을 하나씩 읽어 나가며 그중 말이 되는 책들을 서지 목록으로 작성하는 서기가 있다고 가정하자. 이 서지 정보가 메타데이터이다. 서기가 의미 있는 것으로 판단한 책에 담긴 정보가 정형 데이터이다. 그리고 우리는 인터넷에 접속한 채, 무한한 기호들의 조합으로 무작위 책을 만들어 내는 비정형 데이터의 생산자들이다. 알고리즘은 정확히 서기의 역할을 담당한다.

메타데이터는 지구 인터넷의 수많은 이용자 활동으로 만들어진 비정형 데이터로부터 쓸모 있는 것들을 추출하기 위한, 데이터에 대한 데이터이다. 이 잠재적 사용 가치의 덩어리는 반드시 정제되어야(정형 데이터가 되어야) 유용한 것으로 변환될 수 있는데, 이를 위해서는 비정형 데이터에 대한 데이터, 메타데이터화 과정이 동반되어야 한다. 서지 정보 목록이 없다면 우리는 보르헤스가 묘사한 순례자들처럼 바벨의 도서관 속에서 길을 잃고 미쳐 버릴 것이다. 메타데이터는 비트로 된 원료이자 에너지라 할 수 있다.

메타데이터가 자연의 석유나 석탄과 다른 점은 비정형 데이터를 생성하는 다중의 집합적 이용자 활동을 전제로 한다는 것이다. 그것은 결국 인간 에너지이고 인간 원료다. 석유와 석탄은 지구 46억 년의 지층과 유기체 활동이 축적되면서 생성되지만, 비정형 데이터는 네트워크에 접속된 인간 활동에 의해 '만들어진다'. 따라서 우리가 인터넷에 접속하고, 검색하고, 소비하고, 공유하고, 사진을 올리거나 좋아요 표시를 하는 등 삶의 발자국을 데이터로 남기는 삶 활동 자체가 플랫폼-알고리즘 신경망에서 가치의 원천이 된다. 이것이 알고리즘 노동과정의 첫 번째 단계이다.

마르크스는 자본론에서 인간이 하나의 자연력으로서 자연 소재와 대립, 유용한 형태를 만들기 위해 신체적 힘을 가해 자연을 변화시킨다고 적고 있다.[56] 그에 따르면 이 과정에서 인간은 자연(nature)을 변화시킬 뿐 아니라 자신의 본성(nature)도 변화시킨다. 그렇기 때문에 노동은 인간과 자연 사이를 매개하는 신진대사의 과정이다.[57] 우리는 이 말을 다음과 같이 재구성할 수 있을 것이다. 플랫폼-알고리즘 신경망은 인간의 합목적적 데이터 활동이 만들어 낸 제2의 자연이며, 인간은 비정형 데이터를 삶에 유용한 형태로 변환하기 위해 자신의 인지·감각·정동을 동원한다. 이 과정에서 차츰 인간은 하나의 자연력이 된 네트워크와 대립하는데, 자유로웠던 사이버 스페이스 네트워크의 활동은 곧 메타데이터의 지도화를 거치며 교환 가능한 것을 만들어 내는 노동으로 전화한다.

비물질노동 이론가인 프랑코 베라르디Franco Berardi가 지적하듯이, 노동의 디지털적 변형 과정에서 네트워크 내부로 노동을 포획하는 게 핵심이다.[58] 그러나 더 중요한 것은 그 노동과 대립하는 자연 소재가 인간 활동의 결과물이면서 네트워크 자체가 된다는 사실이다. 네트워크는 컴퓨터로 구성된 전자적 세계를 통해 소통을 중심으로 활동하는 지성적 노동자 공동체들을 전유하면서 형성되기 때문이다.[59] 지구와 자연은 신이 창조했을지 모르나, 메타데이터와 네트워크는 인간 활동이 창조해 낸 것이다.

메타데이터를 독점하고, 통제하고, 관리하는 빅테크 자본의 힘, 플랫폼과 알고리즘의 촘촘한 망은 검색하고, 기록하고, 흔적을 남기는 모든 활동으로부터 사용 가치 이상의 것들을 추출하기 시작한다. 3장에서 살펴봤듯이 알고리즘은 우리가 검색한 키워드에, 페이지에, 그리고 시청한 영상이 무엇인지 분석하고, 거기에 광고를 끼워 넣는다. 플랫폼은 알고리즘이 매개한 획일적인 경로들을 따라온 사람들이 만나고 교환하는 장이다. 이제 네트워크 안에서의 자유로운 활동은 없다. 메타데이터는 구조화되었고, 경로 의존성을 띠게 되었으며 (구글의 페이지랭크 알고리즘처럼), 우리는 그 구조를 축약한 알고리즘의 축적법 위에서만 움직인다. 이 축적법은 교환과 잉여의 원리로 구성되어 있기 때문에 비정형 데이터를 만들어내는 무수한 삶 활동은 결국 잉여가치소로서, 노동과정의 맹아로 자본주의적 축적의 토대가 되게 된다. 이제 우리는 네트워크 전체를 비선형적 인간 노동력의 덩어리라고 파악해야만 한다.

비물질노동 이론가들은 디지털과 네트워크 환경에서 이뤄지는 노동에 관해 많은 연구를 거듭해 왔다. 그러나 오늘날 알고리즘과 지능 기계들의 역량은 비물질노동 이론이 들여다본 웹1.0 시대를 많은 부분에서 추월했다. 비물질노동 이론의 가장 큰 문제는 물질 소재로 된 기계와 달리 알고리즘이나 소프트웨어 등은 인간 노동을 '추상화'하는 기능까지는 없다고 보는 데에 있다. 추상화한다는 것은, 기계가 정해진 시간 동안 일정하게 작동하면서 인간 작업의 질적인 측면을 양적으로 계량해 구체적인 노동력을 임금으로 도출하는 힘(다시 말해 노동력을 실제 가치보다 낮게 평가하는 자본의 힘)을 뜻한다. 자본주의 동학의 필수 성분인 잉여가치는 이렇듯 추상화를 거쳐 '사회적 필요 노동 시간'으로부터 차츰 형태를 갖춘다. 찰리 채플린의 작품 〈모던타임즈〉는 물질 소재 기계에 의한 인간 노동력의 추상화 과정을 잘 보여 주는 영화다. 비물질노 동 이론가들은 모던타임즈 기계가 아이디어, 인지, 감정, 정동 같은 정신적 활동이 시간당 얼마의 가치를 가지는지는 계산 해 주지는 못한다고 본 것이다.

대표적인 예가 이탈리아의 자율주의적 마르크스주의 자인 티지아나 테라노바Tiziana Terranova가 정의한 자유 노동 (freelabour) 개념이다. 테라노바는 디지털 경제에서 비물질노 동의 생산 능력은 읽기·쓰기·관리하는 능력과 메일링 리스 트·웹사이트·통계 차트에 참여하는 행위들을 망라하며, 자 본은 이러한 자유 노동의 프로세스를 통제하며 가치를 축적 한다고 주장했다.[60] 자유 노동에서 자유란 중의적 의미를 띤 다. 하나는 이용자들이 자유롭게 자발적으로 작업한다는 점 에서 자유이고, 다른 하나는 자본이 이들의 노동을 공짜로 전 용해 자유롭게 수익을 독점한다는 점에서 자유이다. 자유 노 동은 인터넷에 의한 지속적이고 갱신 가능한 노동 가치의 추 출이 가능한 집합적 노동으로, 금전적으로 보상받지 않으며 소통의 기쁨, 선물적 교환의 향유 속에서 기꺼이 행해진다.[61] 비물질적이고 정동적인 노동과정에 의존하는 자유 노동은 그 결과물이 상품이 아니라 생산 과정 그 자체가 된다.[62]

비물질노동 이론의 선구자인 네그리와 하트, 라자라토 등도 정보와 컴퓨터의 네트워크에서 행해지는·비물질적 노동의 '정동적' 측면을 강조한다. 네그리와 하트는 유튜브나 소셜 미디어 등의 영상, 콘텐츠, 글, 이미지 등은 손으로 만질 수 없는 비물질적 가치들은 "편안한 느낌, 행복, 만족, 흥분, 열정, 심지어 결속감이나 귀속감도 포함하는" 정동적 노동의 생산물이라고 간주한다.[63] 네그리와 하트는 《제국》 출간 이후 기존의 자본주의 경제와 달리 비물질노동의 가치가 사회적 필요 노동 시간으로 추상화되기 어려우며, 가치 크기가 측정되지 않기 때문에 더욱 편리하게 전유된다고 주장했다. 네그리와 하트는 이런 이유 때문에 노동가치론 자체가 전면 재고돼야 한다고까지 역설했다. 오늘날처럼 생산의 장소가 모든 네트워크와 노드에 심어지는 사회적 공장에서, 생산적 노동과 비생산적 노동 사이, 생산과 재생산 사이의 구별은 죽었으며 노동이 가치의 기초라면 가치는 똑같이 노동의 기초가 되어야 한다는 것이다.[64]

그러나 알고리즘 자본주의의 잉여가치소인 메타데이터가 인간의 삶 활동(즉 네트워크의 집합적 노동)으로부터 만들어진다는 것은, 이미 추상화의 잠재태가 거기에 내재돼 있음을 뜻한다. 네그리와 하트의 논의는 이후에 많은 비판을 받았듯 노동과 노동력의 개념을 혼동하고 있다. 브레이버만이 설명하듯이, 노동력의 본질은 정신적인 것이거나 육체적인 것 등이 아니라 '노동력이 매매될 수 있는가'이다.[65] 그것이 비물질적이건 정동적인 것이건 아무 상관이 없다. '상품처럼 거래될 수 있고 양도할 수 있다면' 형식이 물질이건 비물질이건 잉여가치가 만들어진다는 이야기다. 비물질노동 또는 자유노동이라는 관념적인 정의만으로 빅테크의 막대한 부를 설명하기란 역부족이다. 이 장에서 에스노그라피를 통해 알고리즘 노동과정을 살펴보는 이유도 이런 맥락에서다.

알고리즘은 물질뿐 아니라 비물질적이고 정동적인 영역까지 미세하게 추상화한다. 인간의 구체적 노동을 추상화한다는 것은, 시간당 상품을 만들어 내는 노동력의 크기를 측정하고 그것에 가격을 매길 수 있음을 뜻한다. 개별의 가치 있는 상품을 만들어 내는 상이한 노동과정이 있어야 하지만, 이것을 노동 일반으로 추상화해 '사회적 필요 노동 시간'이라는 척도로 가격을 매김으로서 구체적인 노동은 추상적인 노동이 된다. 즉 추상화는 인간 노동력 자체가 가격표가 붙은 상품이 되어 가는 과정이다.

과거에는 이 역할을 기계류가 수행했다. 노동력의 가치가 계량화되면, 그다음엔 만들어진 상품에 실제로 들어간 노동력보다 더 적은 가치로 임금을 책정해 지불하는 과정이 남았다. 잉여가치는 이 과정, 노동자에게 실제 상품을 만드는 데

투입된 노동력의 가치보다 덜 지불하면서 만들어진다. 잉여가치는 즉 지불되지 않는 잉여 부분, 잉여노동 시간에서 만들어지는 것이다. 그렇기 때문에 노동력의 매매는 '계약된 노동량'이 아니라 '계약된 시간 동안의 노동력'을 척도로 이뤄진다.[66] 요컨대 알고리즘은 동영상·소통·리액션·표현 등으로 이뤄진 문화적 재현의 정동적 요소들을 구독·좋아요·해시태그·조회 수·페이지랭크 가중치 등으로 계량화해, 잉여가치로 바꿀 준거들을 마련한다. 이제 인간의 정동적 측면들은 잉여가치를 만들어 낼 수 있는 실질적인 토대가 될 뿐 아니라, 그 자체로 체계적인 잉여노동태가 되어 간다.

이 시점에서는 더 이상 물질/비물질, 육체/정신, 물리/정동 노동의 차원을 구분하는 것은 아무 의미가 없다. 게다가 공장에서 땀 흘려 일하는 육체노동자도 고도로 정동을 소모한다. 비물질노동 개념을 비판하는 대표적인 마르크스주의자인 조지 카펜치스George Caffentzis는 이렇게 결론 내리고 있다. "어떤 규칙-지배적인 활동이 계산 가능하다면 상품을 생산하는 모든 반복적이고 표준화된 노동(정신적이건 육체적이건) 기계화될 수 있다."[67] 카펜치스는 이 기계가 곧 튜링 기계이며, 튜링 테스트와 중국어 방 실험에서 보듯 인간의 지적이고 정신적 활동도 당연히 기계화될 수 있음을 논증했다. 기계란 그것이 물리적 형태건 알고리즘처럼 논리적 형태를 띠건 '에너지의 발생 장치'가 아니라 '투입된 힘들이나 에너지를 효율적으로 변형하는 역할'을 할 뿐이다.[68] 그리고 그 힘은 오로지 인간 노동으로부터 나온다. 기계는 스스로 힘이나 에너지를 생산하지 못한다. 따라서 기계는 스스로 잉여가치를 만들지도 못한다. 알고리즘이라는 기계 또한 마찬가지다. 플랫폼-알고리즘이 빅테크에 집적하고 있는 거대한 부는 결국 잉여가치를 만들어 내는 부불 노동, 즉 지불되지 않지만 우리가 전혀 보지 못하는 대량의 잉여노동이 도사리고 있다는 증거다. 우리는 곧 이 잉여노동이 구체적으로 어떻게 행해지는지를 살펴볼 것이다.

그렇다면 네트워크에 지층처럼 축적되고 있는 비정형 데이터(그리고 그것을 만드는 이용자 활동)와 메타데이터 추출은 무엇으로 봐야 할까? 앞서 논증했듯 자유 노동이나 비물질 노동으로 설명하긴 어렵다. 여기에 대한 더 좋은 대답은 비정형 데이터를 포함해 인터넷 전체가 다중이 집합적으로 쌓아 올린 커먼즈commons이고, 국가나 자본에 속하지 않는 공통재로 보는 접근이다.[69] 커먼즈는 재산권(property)과 반대되는 개념으로, 배타적 소유권이 아닌 공동 관리와 공유, 탈중앙화와 집합 행위를 통해 쌓아 올려지는 네트워크의 부를 구조화하는 시스템이다.[70] 도서관과 서지 정보를 생각하면 쉽다. 도서관은 헬레니즘 시대 알렉산드리아 도서관에서부터 미국 독립 이후 프랭클린과 메디슨이 설립한 공공 도서관에 이르기까지, 누구나 들어갈 수 있고, 모든 책을 열람할 수 있는 커먼즈이다. 책으로 출간된 모든 지식과 정보는 모두가 접근할 수 있는 공통의 자원인 것이다. 갓 독립한 미국 정부는 도서관의 이런 커먼즈적 성격을 처음 기본 권리로서 헌법에 명시했다. 미국 헌법은 메디슨의 1865년 선언, "정보를 공공의 것으로 여기지 않거나 그것을 소득 수단으로 여기는 정부는 비극의 전조이며 (…) 민중은 반드시 공통의 지식으로 무장해야 한다."를 기본적인 권리로 인식, 미국 곳곳에 공공 도서관을 설립하는 개혁을 추진했고, 오늘날 도서관은 가장 기초적인 정보 커먼즈이다.[71] 어떤 책을 읽을지, 원하는 정보를 어느 책에서 찾을지 서지 정보(메타데이터)에 접근하는 것도 제한이 없어야 한다. 그것들은 모두의 지식과 정보로 이뤄진 커먼즈이기 때문이다.

빅테크는 공공 도서관의 서고 곳곳에 가판대를 설치해놓고 서지 정보를 돈 받고 파는, "커먼즈의 기생체"[72]라 할 수 있다. 마찬가지로 비정형 데이터를 만들어 내는 다중의 삶 활동은 상품(정형 데이터)이 아니다. 그것은 말 그대로 자유로운 의식적 활동 그 자체의 집합적 구성물로서, 누구나 접근할 수 있고 누구나 공유할 수 있는 공통의 자원이다. 데이비드 볼리어David Bollier가 비판하듯이, 빅테크와 자본은 이 네트워크로 이뤄진 공통 영역, 커먼즈 자체를 사적인 분야로 인클로저 (enclosure)한다.[73] 과거의 자본가들은 몰락한 귀족의 영지와 비어있는 공유지에 토지 문서를 들고 들어와 울타리를 치고 사적 소유를 명시했지만, 오늘날의 자본가들(구글, 마이크로소프트, 메타 등)은 이 방대한 비정형 데이터의 커먼즈에 침범해 플랫폼의 형태로 사적 소유를 추구한다. 이 디지털 커먼즈를 만든 다중들은 처음에 자신들의 활동을 노동이라 여기지도 않았고 그들이 만든 결과물들이 상품이라는 인식도 없었다. 초창기 유튜브가 아무나, 돈벌이와 상관없이 영상을 올리던 공간임을 기억하자. 그러나 오늘날의 플랫폼-알고리즘 신경 망은 후원금, 광고 수익으로 표현된 노동의 자장으로 삶 활동을 포섭한다. 데 안젤리스De Angelis의 비판처럼, 다중이 집합적으로 쌓아 올린 지식과 정보의 커먼즈를 사적으로 점유하고, 이를 합법적인 것으로 만들며, 사회적이고 역사적인 지식의 창출 과정에 대한 배타적 소유권을 주장하는 인클로저인 것이다.[74]

그런데 역사적으로 인클로저는 항상 강탈(dispossession)의 형태를 띠어 왔다. 마르크스는 프랑스 혁명 이후 토지 커먼즈에 대한 대대적인 인클로저가, 실제 커먼즈의 경작자들이었던 사람들(소작농)에게 한 푼의 보상도 없이 말 그대로 강탈되어 왔음을 논증한다. 이른바 토지의 청소(Clearing of Estates)

는 커먼즈로부터 사람들을 쓸어내는 것, 즉 강제로 빼앗고 사람들을 쫓아내는 것이었다.[75] 《자본론》이 우리에게 알려 주는 것은 최초의 자본주의적 축적인 시초축적(Primitive accumulation)은 노동력으로부터 잉여가치를 추출하는 착취(exploitation)가 아니라, 커먼즈의 강탈로부터 시작된 역사다. 기계류의 도입과 체계화, 분업, 노동력의 상품화와 노동과정의 관리는 그다음에 온다. 우리는 이 인클로저가 오늘날에는 플랫폼-알고리즘의 형태로 진화했음을 인지해야 한다. 자본은 비정형 데이터의 생산자들인 지구의 다중들에게 데이터 사용료를 지불했는가? 아니다. 생성 인공지능을 학습시키는 데 들어간 데이터에 저작권료를 지불했는가? 아니다. 그렇게 해서 만들어진 서비스와 재화를 사람들이 무료로 사용하게 개방했는가? 아니다.

오늘날 우리는 빅테크가 지식·정보 커먼즈에 대한 대대적인 인클로저를 행하고 있음에도, 빼앗긴다는 느낌을 거의 받지 못한다. 이는 기본적으로 지식·정보 커먼즈가 풍요재의 속성을 띠고 있기 때문이다. 데이비드 하비David Harvey에 따르면 이러한 커먼즈는 자연 자원과 달리 한정재가 아니기 때문에 배타적 이용의 대상이 아니며 파괴되거나 고갈될 수도 없다.[76] 토지 커먼즈가 강탈당하면 생존의 위협을 느끼지만, 비정형 데이터가 사유화된다고 해서 당장 삶의 위협을 느끼지는 않는다. 그것은 조금씩, 문화적 생산과 결부된 우리의 삶을 잠식해 들어온다. 커먼즈의 인클로저 과정에서 추출된 메타데이터, 메타데이터로 만들어진 사유지의 울타리인 플랫폼에 접속하는 사람들은 이제 플랫폼의 소유자들이 요구하는 세금을 내기 위해 사적 이익을 추구할 수밖에 없게 된다. 플랫폼에서 모든 사람이 함께 생산한 공유 자산이자 성과(빅데이터, 네트워크 외부 효과)를 기업이 초과 이익으로 전환하고, 차액지대 형식으로 재전유하게 되는 것이다.[77]

여기에서 드는 의문은, 메타데이터 속에서 시초축적을 가동한 자본이 과연 광고 수수료, 후원 수수료, 매칭 수수료, 외주 수수료 등 지대 형식으로만 잉여를 축적하는가이다. 플랫폼-알고리즘 신경망 안에서 사람들은 대부분 외주, 하도급, 프리랜스 방식으로 일한다. 그 형식이 임금이 되었건 지대가 되었건 간에 불안정하게, 자유롭게, 더 오랫동안 불안정하게 일하게 만들고 적절한 대가를 지불하지 않는다는 점에서 '잉여'의 문제는 여전히 남아 있다. 나의 설명은, 자본이 플랫폼-알고리즘이 시초축적으로부터 지대를 추구하는 방식과 사람들이 잉여노동분을 스스로 착취하게 만드는 방식을 투 트랙으로 가동해 부를 착복한다는 것이다. 순수하게 비정형 데이터를 만들어 내는 다중들의 활동은 플랫폼의 인클로저와 강탈을 통해 포섭되고, 알고리즘은 메타데이터를 분석해 삶 활동을 사회적 필요 노동 시간의 기준으로 척도화한다(구독, 좋아요, 시청 시간, 매칭). 이제 마르크스가 '가치 실현을 위한 필사적인 도약'이라고 말한 단계에 다다르는데, 이는 플랫폼-알고리즘에 예속된 사람들이 스스로의 노동을 '잉여노동'으로 만드는 자기 착취를 통해서 가능해진다.

알고리즘은 작업자로부터 잉여노동을 추출한다

유튜브와 같은 커뮤니케이션 플랫폼에서 교환되는 것은 영상 콘텐츠와 커뮤니케이션 그 자체다. 이는 직접 교환되는 것이 아니라 광고를 매개로 교환된다는 점에서 기존의 상품 경제와 다른 측면이 있다. 앞서 살펴보았듯, 이런 이미지·영상 콘텐츠를 제작하기 위해서는 정동적이고 창의적인 작업이 요구된다. 취미 삼아 유튜브·소셜 미디어 등에 게시물을 업로드하는 사람들과 달리, 크리에이터들은 수익 추구라는 명확한 목표가 있다. 알고리즘은 이 욕망을 미끼로 콘텐츠 경쟁을 부추기고, 그들의 생산물을 계량화한다. 구독자 수, 조회 수, 광고 시청 시간, 좋아요 수, 총 영상 시청 시간 등의 요소들은 크리에이터들의 정동적이고 창의적인 작업 결과물을 '노동 결과물'로 추상화하기 위한 프로세스다. 전통적인 문화 산업 포맷은 주로 외주를 통해 전통적인 착취와 유연화의 문법을 따라간다. 반면 알고리즘은 이전까지 추상화된 적이 없던 부불 노동(열정, 감정, 창의력, 센스 등)을 구체적인 수치로 환산해 광고 수익으로 결부시킨다. 문제는 이 알고리즘이 블랙박스화돼 있어 어떻게 작동하는지, 어떤 식으로 광고 수익을 내는지 이용자들에게 거의 알려져 있지 않아 당사자들은 자신의 노동과정이 실제로 얼마만큼의 가치를 생성하는지 알 길이 없다는 데에 있다.

플랫폼 자본은 이 비대칭성을 활용해 개별의 노동과정을 파편화하고, 노동하는 당사자들이 실제 만들어 낸 가치보다 더 값싸게 일하도록 만든다. 산업 자본주의 시대 잉여가치는 잉여노동으로 계산된 상품을 팔아서 만들어졌으나, 알고리즘 자본주의에서는 개별 작업자들이 스스로 자신을 잉여화한다. 자기 착취란 곧 자신의 창조적인 작업을 스스로 잉여노동으로 만드는 과정이다. 이것은 열정 페이나 비물질노동 혹은 자유 노동이 아니라 잉여(수수료 형태로 값이 매겨진)를 만들어 내는, 인수분해된 산 노동이다. 당사자들은 자신의 개인적인 작업을 또 다른 개인에게 외주하거나, 스스로 더 값싸게 일하도록 채찍질한다. 알고리즘은 잉여를 만들어 낼 뿐 아니라 감독관이나 규율 없이도 더 강도가 높은 알고리즘의 포승줄에 스스로를 포박하도록 만든다. 베르나르 스티글러Bernard Stiegler가 설명하듯 알고리즘에 의해서 확산된 자동화는 사람들에게 편의를 제공한다는 사회적 명분을 제공하면서 구조

뒤편에서는 사람들이 알고리즘에 맞춰 자신의 행위성과 사고를 스스로 주조하게끔 만드는 통치성, '알고리즘 통치성'을 생산한다.[78]

　　알고리즘은 이전에 없었던 인간 정신과 인지에 대한 추상화, 그리고 인지 자동화의 기능을 탑재하게 됐다. 산업 자본주의 시대 제조업 공장에서 기계류가 하던 역할은 플랫폼-알고리즘 환경에서 재구성된다. 더 많은 가중치를 획득하고, 더 많이 노출되어 광고 수익을 벌기 위해서는 알고리즘이 정한 추상화 척도로부터 높은 주목 점수를 받아야 한다. 주목을 더 많이 획득할수록, 자신이 업로드한 콘텐츠가 더 많은 사람들에게 노출되고 수익성은 기하급수적으로 높아진다. 크리에이터들은 알고리즘이 더 많은 사람들에게 자신의 콘텐츠를 더 많이 보여 줄 수 있는 모든 기능과 가능성을 고려해야만 한다. 크리에이터들은 이를 "알고리즘으로부터 간택받는다"라고 표현한다. 크리에이터들의 커뮤니티에서 실시간 베스트 게시물로 올라오는 상당수의 글이 알고리즘으로부터 어떻게 간택받는지에 대한 팁이다. 소셜 미디어에서의 '간택'은 과정은 어려워도 방법 자체는 복잡하지 않다. 자신이 사회에서 가지는 영향력인 사회적 자본이 토대이고 주기적으로 포스팅을 업로드하면서 친구를 많이 만들고 좋아요를 최대한 많이 받아내면 된다. 페이스북과 인스타그램의 피드 알고리즘은 비교적 정직한 편이다. 그런데 유튜브의 알고리즘은 훨씬 복잡하다. 알고리즘이 측정하는 몇몇 기축 요소들이 있는데, 그 중 '키워드 연관성'이 대표적이다.

키워드 연관성이 더 클수록 노출 빈도는 커진다. 이를 만족시키기 위해서는 어떤 키워드로 콘텐츠를 구성할지 시작 단계에서부터 신경을 써야 한다. 제목, 자막, 영상 설명, 섬네일이 어떤 키워드를 포함할 것인지 먼저 설정해야 하고 콘텐츠도 알고리즘에 맞춤으로 만들지 않으면 안 된다. 또한 유튜브는 광고 재생 시간 총량, 영상의 시청 시작 지점과 종료 지점 및 그 구간의 재생 시간 등이 알고리즘에 의해 측정되고 구독자 수에 따른 프리미엄 구독료의 배당분과 함께 수익이 분배된다. 유튜브 알고리즘은 채널 구독자가 지속적으로 크리에이터의 콘텐츠를 소비하는지 크리에이터가 콘텐츠를 어느 정도 간격을 두고 올리는지 빈도를 측정해 이를 기대 수익 값의 변수로 집어넣는다. 크리에이터들이 가장 고심하고, 어려워하며, 실제 콘텐츠 제작에 들어가는 것보다 더 많은 자원을 투자하는 이유가 여기에 있다. 크리에이터들은 자신의 의지와 상관없이 알고리즘에 간택받기 위해 '부수 작업'을 해야 한다. 알고리즘 인지 자동화는 문화의 생산과 유통에 들어가는 시간을 엄청나게 절감했지만, 동시에 늘어난 부수 작업을 통해 부불 노동 시간을 늘리는 역할을 한다.

"저는 큰 방송사에서 운영하는 유튜브 채널의 영상 제작 스튜디오에서 일하는 프리랜서 영상 제작자입니다. 그런데 알고리즘에 대해서는 거의 아는 바가 없어요. 알고리즘에 신경을 엄청 써야 합니다. 저는 2~3명의 영상 제작자와 함께 일을 하는데, 서로 알고리즘 이야기를 정말 많이 합니다. 어떻게 해야 조회 수가 올라가는지, 언제 올려야 사람들이 많이 보는지, 어떤 내용으로 구성해야 사람들이 영상을 안 끊고 끝까지 보는지, 이런 것들요. 알고리즘이 이걸 다 관찰하고 있더라고요. 그런데 알고리즘에 관해서는 노하우가 쌓이지도 않고, 또 계속 변해서 도무지 알기가 어려워요. 알고리즘 붙잡고 실험을 엄청 해야 돼요. 해시태그도 바꿔 보고, 섬네일 디자인도 바꿔 보고, 자막도 넣어 보고, 온갖 걸 다 합니다. 외부 프로그램을 써서 유튜브 검색 빈도수가 높은 검색어를 태그에도 넣어도 보고. 영상과 아무 관련도 없지만 최근 핫한 다른 동영상의 해시태그들을 그냥 갖다가 써본 적도 있어요. 시청자들에게 노출되는 해시태그가 있고, 업로드 당사자만 넣는 숨겨진 해시태그가 구분되어 있거든요? 이걸 보여 주게 하는 다른 툴을 많이 씁니다. 심지어는 사람들이 검색어 입력하다가 오타를 내는 것도 생각해야 됩니다. 그 오타로 해시태그를 넣는다든지. 자막, 해시태그 제작도 마찬가지입니다. 자막 같은 경우엔 단순 작업인데 시간은 엄청 많이 들어가죠. 이러한 작업들만

전문적으로 하는 편집자도 따로 있습니다." (인터뷰이 C)

"유튜브가 계속 일을 하게 만듭니다. 6개월 이상 영상이 안 올라가고 활동을 안 하면 기존에 올린 영상에서 버는 수익 창출도 막더라고요. 뭐든 올려서 활동을 해야 돼요. 공지 사항이라도 올리고, 동영상이든 쇼츠든 뭐든. 활동을 쉬면 안 됩니다. 저도 처음에는 제가 혼자 촬영하고, 편집하고, 업로드하고 다 했는데요 나중에는 지쳐서 결국 이것만 전문적으로 해주는 업체에 맡겼습니다. 3~4인이 하는 업체. 와서 촬영 해주고, 편집해 주고, 업로드도 해줘요. 영상 10편당 200만 원 정도가 듭니다. 일주일에 두세 편씩 영상을 업로드해 주고, 촬영도 직접 와서 해주세요. 그래도 계속 제가 직접 일을 해야 하는 건 마찬가집니다. 촬영 들어가기 전에 제 나름의 스크립트, 주제 같은 걸 대략 고민해서 아웃트라인 같이 짜는 준비 작업을 해요." (인터뷰이 A)

심층 면접에 응한 다섯 명의 크리에이터뿐 아니라 커뮤니티에 '알고리즘 타는 법을 알려 달라'고 호소하는 수많은 사람이 이 부수 작업(섬네일 제작, 키워드 연관성 분석, 해시태그 달기, 이에 따른 맞춤 콘텐츠 설계 등)들을 가장 지난하고, 오랜 시간을 잡아먹는 작업이라 증언했다. 프리랜서이면서 방송국의 유튜브 채널 영상 제작 외주 일을 주로 하는 인터뷰이 C는 영상 업로드만 전문적으로 하는 편집자가 따로 존재한다는 놀라운 증언을 했다. 부수 작업이 워낙 많은 시간을 소요하기 때문에 이 일만 따로 떼어서 다른 프리랜서에게 외주를 주는 것이다. 베일에 가려진 채 변화무쌍하게 기능을 바꾸는 알고리즘은 건설 현장에서나 볼 법한 '외주의 외주' 고리를 만들어 낸다. 업로드 작업만 담당하는 편집자들은 업로드 시간대 측정, 트렌드 키워드 분석, 다른 영상 채널의 해시태그 분석, 커뮤니티에서 유행하는 밈과 유행어 분석 등 사실상 '알고리즘 시장 분석가' 같은 작업을 한다. 애니메이션 업체의 유튜브 채널 영상을 외주받아 편집하는 인터뷰이 B, 방송국의 유튜브 채널 영상을 제작했던 인터뷰이 E도 똑같은 증언을 한다.

> "업로드를 하는 알바가 따로 있어요. 이 친구는 출근해서 종일 하는 일이 업로드입니다. 그런데 업로드만 하는 게 아니고 다른 작업도 해야 하는데, 이게 배워야 하는 게 엄청 많습니다. 업로드했을 때 뭐가 인기가 있다, 언제 올려야 시청률이 높다, 무슨 키워드를 넣어야 한다, 어떤 연령층에 어떤 콘텐츠와 해시태그가 인기가 높다, 이런 걸 구글에서 따로 제공하지는 않잖아요? 그러니까 일일이 다 해보고 시행착오를 겪어야

하는 거예요. 주먹구구식으로." (인터뷰이 B)

"저도 다년간 일을 했지만 알고리즘을 너무 모르겠어서 답답해요. 시간만 잡아먹고요. 내 영상이 어떻게 조회 수가 올라갔는지 이걸 추측만 해야 하거든요? 그래서 처음에는 다들 직접하다가 지쳐서 나중에는 소셜 마케팅만 따로 하는 업체, 프리랜서에게 또 외주로 맡기게 됩니다. 이 사람들은 예를 들어서 영상이 10분짜리다, 하면 1분짜리 킬링 포인트가 되는 구간을 알려 달라고 해요. 그러면 그 사람들이 이걸 보고 제목도 달아주고, 영상에 들어가는 문구도 적어서 업로드를 대신 해줍니다. 그리고 이걸 우린 다시 받아서 쇼츠 영상 만들고. 쇼츠 자체는 돈이 안 되지만 쇼츠를 많이 만들어야 구독자와 조회 수를 늘릴 수 있습니다. 소셜 미디어에 릴스 영상으로 올리고, 쇼츠 만들어서 유튜브에 올려서 홍보하고……." (인터뷰이 E)

인터뷰이 E의 증언을 유심히 보면, 유튜브라는 플랫폼이 결코 독립적인 환경이 아님을 알 수 있다. 유튜브에서 수익을 내기 위해서는 영상을 편집 제작한 후 또 이를 갈무리해 짧은 쇼츠(혹은 릴스) 영상을 제작하고, 이를 유튜브뿐 아니라 페이스북과 인스타그램, 틱톡 등 모든 플랫폼에 널리 퍼뜨려야 한다. 페이스북, 인스타그램, 틱톡 모두 각기 다르지만 연결되는 '주목' 추상화의 알고리즘을 운영한다. 페이스북과 인스타그램의 피드에 많이 노출되어 주목을 획득한 영상은 유튜브에서 연쇄적으로 주목을 획득하며, 유튜브에서 인기를 끈 쇼츠 영상은 복제되어 틱톡의 영상으로 퍼져 나간다. 틱톡에서 인기를 끈 영상의 해시태그는 인스타그램에서도 사용되며, 한 플랫폼에 공개된 영상의 키워드는 다른 플랫폼의 영상에서 이용자들에 의해 분석되고, 알고리즘들은 이 과정에서 생성되는 메타데이터를 포착해 광고를 끼워 넣는다. 커뮤니케이션 플랫폼과 알고리즘의 신경망은 결국 '연합 환경'[79]처럼 구성된다. 기술적이면서 동시에 자연적인 이 연합 환경은 알고리즘과 알고리즘, 플랫폼과 알고리즘들, 그리고 플랫폼-알고리즘과 인간 행위자 사이의 잉여노동이 교차하는 신경망을 만들어 낸다.

한편 크리에이터들은 이용자들이 광고를 감내하고 자신의 콘텐츠를 처음부터 끝까지 볼 수 있도록 영상 작업을 전문가에 준하는 수준으로 가공하는 작업을 해야만 한다. 10분이 넘어가는 영상, 효과음과 BGM이 들어가지 않은 영상, 매끄러운 몽타주와 영상 내 자막, 특수 효과가 들어가지 않은 영상은 이용자들을 붙잡아 놓을 수 없다. 전문적인 영상 편집, 자막과 소리 삽입, 특수 효과 등의 가공 작업은 필수적인 요소다. 절대 다수의 크리에이터들이 크리에이터로 활동하면서 영상 편집 툴을 사용하는 방법, 알고리즘 분석 툴을 학습할 뿐 아니라 개인 크리에이터들의 경우에 따라서는 발성, 화술과 관련된 교육을 따로 받기도 한다. 안정적인 수입 궤도에 들어선 크리에이터들은 이 수고를 덜기 위해 대부분 영상 작업을 전문적으로 하는 편집자를 고용하지만, 그 과정에 이르기까지는 지난한 자기 착취와 무보수의 시간을 감내해야만 한다.

> "영화에서 조연출 역할이랑 비슷하다고 보면 되겠네요. 제가 작업을 해주는 업체는 세계적인 어린이 애니메이션 제작사이고 구독자가 몇백만이거든요. 그런데도 정규직 편집자나 피디를 고용하는 형태가 아니었어요. 저는 미술 작가 활동을 하고 있고 아무래도 그쪽으로는 수익이 없다 보니까, 아르바이트처럼 할 수 있는 이 일이 저는 쉽게 느껴졌고, 이런 사람이 많고, 그러니까 업체에서는 정규직 제안도 안 하는 거죠. 주로 예술가나 창작자들이 이런 쪽으로 많이 일해요. 처음 시작할 때 조건은 단순 편집 알바였는데, 사실 하면서 다 해야 됩니다. 편집만 할 줄 아는 게 아니라 기획도 하고, 디자인 구성도 하고, 스토리도 짜고 하면서 제 기술을 업그레이드해야 하는 거죠. 원래 이 일들은 방송사나 프로덕션에선 다 분업을 하는 건데, 이런 유튜브 영상 제작업체에서 일하거나 개인으로 일하는 크리에이터들은 알아서 터득하고 알아서 해야 합니다.

그런데 외주 주는 쪽 입장에선 이런 고충을 거의 모릅니다. 알아서 다 하니까 그냥 편하게 맡기는 거죠." (인터뷰이 B)

대다수의 크리에이터들은 알고리즘의 빈도 측정을 감안해 평균적으로 3일 간격으로 하나의 영상을 올리는 걸 최소 조건으로 생각하며, 소셜 미디어 활동을 병행하면서 적절한 구글 트렌드에 부합하는 콘텐츠를 생산하는 경우 일 년 정도의 시간 후에야 유의미한 수입을 내기 시작한다고 이야기한다. 업체에서 운영하는 유튜브 채널이나 개인이 운영하는 유튜브 채널 모두 마찬가지다. 다만 업체는 동원할 수 있는 인력풀이 크기 때문에 이 궤도에 좀 더 빨리 오를 수 있다. 개인 유튜브 채널이 성공적으로 수익 궤도에 오르려면 엄청난 노력과 시간이 든다. 1만 5000명 구독자의 개인 영상 채널을 보유한 인터뷰이 D, 그리고 연구자가 관찰한 네 개 커뮤니티 모두에서 대다수 사람이 인터넷 생방송이나 자극적인 콘텐츠(외모 과시, 비속어 등) 없이 유의미한 수익을 내는 단계가 5만 구독자 수 이상이라고 보았다. 또한 '어중간한' 수익을 내는 1~3만 크리에이터들은 물론이고 100~300만 명의 구독자에 달하는 거대 채널을 운영하는 업체도 3인 단위의 비정규직 프리랜서 고용자와 외주 작업에 외주하고 있다는 사실이 인터뷰에서 드러났다. 인터뷰이 B는 자신이 의뢰를 받았던 업체가 구독자 400만이 넘는 애니메이션 제작 회사였으며, 회사에서 제작된 애니메이션을 5~10분 단위로 재구성해서 유튜브 채널에 올리는 작업을 했다고 밝혔다. 인터뷰이 B는 면접 중 자신이 사측과 맺은 계약서 실물을 연구자에게 제공했는데, 계약서에 따르면 외주 작업은 주로 2개월 단위로 건당 200~300만 원 가격에 이뤄지며, 3~5분 분량의 영상을 열 편가량 제작하는 의뢰가 주를 이뤘다. 또한 회사와 직접 2년 단위 프리랜서 계약을 맺고 지속적으로 작업을 하는 경우, 주 3일 시간제 근무로 시급 1만 2000원을 받았다. 이 금액은 처음에는 1만 원이었는데, 인터뷰이 B가 적극적으로 항의해서 올려받았다고 한다.

인터뷰이 D는 이런 빈틈을 파고들어 어중간한 수익을 내는 1~3만 구독자 크리에이터들을 대상으로 싼 가격에 직·간접 광고를 의뢰하는 전문 플랫폼 업체들이 생겨났다고 지적했다. 플랫폼-알고리즘 신경망에서 광고가 어떤 부조리를 자아내는지에 대한 인터뷰이 D와 E의 생각은 확고했다. 기존에는 업체로부터 연예인 등과 직간접 광고 계약을 맺거나, 광고를 따로 제작하는 등 일대일 계약으로 이뤄지기 때문에 수익 창출과 분배에 있어 어느 정도 조망할 수는 있었다. 그러나 플랫폼-알고리즘 신경망에서 이런 구도는 완전히 탈영토화된다. 다분야의 광고 제작 스튜디오에 외주를 주고 제

작한 광고를 수익이 아직 없는 개인 크리에이터들에게 할당
하는 식으로 '광고 외주'를 주는 플랫폼들, 그리고 유튜브와
소셜 미디어의 광고 알고리즘이 매칭시켜 주는 자동 광고에
의해 광고 수익은 미지의 영역이 되어 버린다. 여기에서 우리
가 보는 것은 알고리즘이 기존의 외주화를 한 번 더 분해해
'외주의 외주', '플랫폼의 플랫폼'이라는 연쇄를 만들어 내는
메커니즘이다.

> "크리에이터들을 대상으로 다양한 제품 광고를 대행하는 전
> 문 업체들이 있어요. 애매하게 팔로워 수가 많은 크리에이터
> 들한테 '저희와 함께하시겠습니까?'라는 제안을 해오죠. 저희
> 가 이러이러한 광고를 갖고 있는데요, 여러분의 채널 성격과
> 맞는 광고를 선택해서 광고해 주세요. 이들은 광고 대행, 광고
> 하청 플랫폼이랄까요? 유튜버들을 대상으로 하는 광고 플랫
> 폼. 그런데 이게 메리트가 있다는 느낌이 들진 않았어요. 많아
> 야 30만 원밖에 못 받거든요? 내가 아직 구독자 '일만 따리'이
> 고, 조회 수도 안 나와서 돈은 못 버는 상황인데, 안 할 수가 없
> 죠. 이 광고 하면 내 유튜브도 조회 수 올라가고, 구독자 늘고,
> 재생 시간도 길어질 테니 '윈윈'하는 거라는 마음가짐으로 하
> 는 건데, 옛날에는 파워 블로거들 대상으로 광고 대행하는 방
> 식이 유튜브로 옮겨 와서 아예 플랫폼이 된 거라고 생각해요.

문제는요, 내가 이 제품 광고를 해주고 30만 원을 버는 데 이 광고 플랫폼 업체는 얼마를 버는지 저희가 전혀 모른다는 거예요. 제가 이 제품 홍보팀한테 제안을 받고 직접 계약을 했으면 광고 수익 얼마당 내가 얼마를 받는다, 이런 걸 알 수가 있는데 이런 광고 플랫폼 업체는 제가 광고 수익을 얼마나 올려주고 제가 몇 프로 가져가는지 클리어하지가 않은 거예요. 제가 봤을 땐 놀아나고 있는 거죠." (인터뷰이 D)

흥미로운 것은, 영상 제작·영상 편집을 하는 크리에이터들과 편집만 하는 전문 편집자들 모두 영상 제작의 단가에 대해 대부분이 일치된 견해를 보인다는 것이다. 크리에이터와 편집자 모두 10분짜리 영상을 편집하는 데 5~7시간 정도 소요된다고 생각하며, 제작과 편집의 최소 단가가 1만 원이라고 불문율처럼 생각하고 있었다. 커뮤니티들에서 지속적으로 구직 글을 관찰한 결과, 전문 편집 작업의 경우 10분 영상 기준 3~5만 원 사이로 거래가 이뤄지는 경우가 대다수다. 2024년 대한민국의 최저 임금 시간급은 9860원이다. 모두가 최저 임금을 기준으로 자신의 노동 단가를 책정하고 있다. 최저 임금이 통상적으로 맥도날드나 카페 등에서 직업 훈련 없이 수행할 수 있는 비숙련 단순 작업을 기준으로 책정된다는 점을 감안하면 놀라운 일이다.

인터뷰이 C와 E에 따르면, 방송사 외주 유튜브 영상 제작의 경우 10분짜리 영상 하나를 만드는 데 기획과 촬영, 편집을 포함해 3일에서 5일이 소요된다. 하루 작업 시간을 여덟 시간이라고 했을 때 최소 20시간 이상이 걸리는 것이다. 전문 편집도 마찬가지다. 10분 영상 편집 시간을 다섯 시간으로 잡는 경우, 크게 여섯 가지 작업이 들어간다. 영상 몽타주, 썸네일 제작, 인트로와 아웃트로, 자막 삽입, 특수 효과(편집자들은 '포인트 살리기'라고 표현한다), 음향 효과(BGM, 효과음)가 그것인데 이 모두 전문적인 숙련도를 요구하는 작업이다. 문화 산업의 도래 이래로 창의적인 작업을 하는 노동자들은 자신들의 위상이 항상 불안정하다고 믿으며, 그 때문에 자기 착취 또는 구조적인 착취를 부당하다고 느끼면서도 스스로 내면화하는 경향을 보인다.[80] 작업의 과정이 자신의 숙련도를 발달시키는 일종의 계발 기회로 여기기 때문에(즉 자아실현의 한 방편이라 생각하므로) 자신의 노동 가치를 평가 절하한다는 것이다.

알고리즘은 여기에 한술 더 떠 광고 수익을 미끼로 크리에이터들이 부수적인 노동과정을 더 투입하도록 만든다. 노동 시간은 늘어나고, 작업은 혼자 떠맡거나 세분화해 외주를 다시 주며, 계약은 개인 대 개인 프리랜스로 한다. 이는 한 산업 부문에서 자동화 비중이 늘어나 자본의 유기적 구성이

커질수록 그에 비례해 잉여노동이 반드시 증가할 수밖에 없다고 보는 마르크스 노동가치론의 관점과 일치한다. 이로 인해 크리에이터들은 자신이 창조적인 작업, '좋은 일'을 한다고 느끼면서도 동시에 스스로 불안정한 삶을 사는 존재라고 규정한다. 인터뷰이 E는 다른 건 다 감내할 수 있지만 자신의 일이 안정적인 정규직 자리였으면 한다고 간절히 소망했다.

> "유튜브 프리랜서를 정규직으로 채용하는 과정이 있었으면 좋겠어요. 저 같은 경우 요즘에 과로하면서도 워라벨을 지키려고 노력하는데, 이쪽 사람들은 보면 개인 시간도 부족할 정도로 매일 야근하는 사람이 많거든요. 불안정하죠. 2년, 3년 뒤를 알 수가 없으니까." (인터뷰이 E)

스스로를 '불안정하다'고 여기는 이면에는, 노동 자체가 앞날을 알 수 없으리만치 불안정하다고 느끼는 불안감이 도사린다. 안정적인 수입을 확보한 크리에이터들도 3년 이상 활동할 수 있을지 의문을 품는 경우가 많았다. 3~7일 주기로 영상을 업로드하는 것도 긴 작업 시간을 요구하지만, 무엇보다 이용자들이 지속적으로 콘텐츠를 보고 좋아요 및 구독을 하게끔 하려면 끊임없는 새 콘텐츠 개발 및 기획이 필수적이다. 혼자서 운영하는 채널인 만큼 아이디어 고갈로 고민하거나 지속 운영을 포기하는 크리에이터가 절대 다수이며, 실제로 그런 경우가 많아 재탕을 반복하거나 스스로 재미없는 영상인데 관성적으로 올리는 경우도 부지기수라고 밝힌다.

유튜브 전문 영상 편집자들의 경우는 조금 더 구체적인 요인 때문에 불안정하다고 느낀다. 먼저 크리에이터 영상 편집만 전업으로 하는 경우는 거의 없고, 대부분이 방송국의 유튜브 영상 제작 스튜디오에서 프리랜서로 일하면서 부업이나 파트 타임을 병행하는 경우가 많았다. 방송국 유튜브 영상 스튜디오에서 일하는 인터뷰이 B, C, E는 대다수의 편집자들이 2년 단위 프리랜스 계약을 맺고 일하거나, 혹은 개인적으로 외주를 받아 추가로 작업을 한다고 증언했다. 외주의 경우 대부분 작업이 작업 건당, 영상 분당으로 보수가 지급되는 데다 제대로 된 계약서 없이 구두로 합의하고 진행하는 경우도 많았다.

온라인 커뮤니티에 접속하는 사람들, 심층 면접 대상자들 모두 '불안정성'이 크리에이터 노동자들의 삶에서 가장 핵심적인 키워드임을 공감했다. 개인 채널을 운영하는 크리에이터들은 생각보다 빠르게 다가오는 콘텐츠 아이디어와 활력의 고갈, 그리고 끊임없는 외부 시선 및 평가로 인해 불안을 느끼고, 편집 중심의 크리에이터들은 극히 불안정한 프리랜서 지위와 언제 바뀔지 모르는 기술, 탈숙련화의 측면에서 불안을 느낀다. 특히 개인 채널 중심 크리에이터들이 느끼는 불안은 상상을 초월한다. 이는 100만 유튜버와 벼락부자가 된 개인의 신화 등 우리가 미디어에서 접하는 모습과는 전혀 다른 음영이다. 크리에이터 D는 자신이 느끼는 불안과 고도의 정동적 소모에 대해서 아래와 같이 증언했다.

"저는 최대한 자극적인 콘텐츠 자제하려고 애쓰는 편입니다. 몸매 과시, 명품 과시, 맛집 자랑 이런 거 있잖아요. 하면 돈은 많이 벌겠죠. 그런데 그만큼 제 살 깎아 먹는 거예요. 개인 채널 운영하시는 크리에이터들이 그런 사각지대에 놓여 있다고 봐요. 나 자신이 항상 날 것으로 까발려져 있고, 늘 멋있고 완벽한 상태여야 하고, 스트레스는 받는데 호소할 곳은 없고요. 연예인과 달리 유튜버는 뭔가 내 옆에 있는 흔한 사람 같으니까 마구 수위 높은 욕을 하거나 공격하죠. 끊임없이 구독자나 시청자한테 평가를 받는 직업인 거잖아요. 한 번 유튜버가 된 이상 내 삶이 없다, 관에 들어갈 때까지 고통받는다고 생각하면 돼요. 제가 영상을 올려요. 그럼 얼마나 많은 사람이 그걸 보는지 알 수 있죠. 제가 라이브 방송을 하면 몇 명이 보는지 알 수 있고요. 제가 올리고 활동하는 모든 것들에 대한 숫자적인 것들을 알고리즘이 다 보여 줘요. 이게 오히려 스트레스더라고요. 나의 연애, 나의 일상, 모든 게 알고리즘으로 평가받게 되죠. 그런데 사람이 어떻게 365일 매일 행복해요. 이런 걸 다 숨겨 가면서 하니까 병이 와요. 정신이 온전한 사람 거의 못 본 거 같아요. 돈을 벌면 결국 공허함 때문에 엄한 데 씁니다. 도박을 한다던지 명품을 지른다던지, 남자분들은 여자랑 술 마시는 비싼 술집에 간다던지. 정신적 스트레스를 보상받으려고 하는 거죠. 연예인은 그래도 케어해 주는 소속사라는 게 있는데 저 같은 크리에이터들은 그게 없어요. 내 멘탈을 케어해 주거나 법적인 문제가 닥쳤을 때 보호해 주는 조직도 없죠. 제가 일상 브이로그 위주로 하는 이유는 나 자신을 지키기 위해서입니다. 사실 크리에이터로서 이 이상 주목받고 싶은 마음은 없어요. 광고 받으면 돈 많이 벌 것 같죠? 허구한 날 거짓말을 해야 되는데, 내 시청자들을 속여야 되는데 뭐가 즐겁겠어요. 항우울제, 상담 치료는 거의 기본이라고 생각하시면 돼요. 제가 아는 거의 모든 분들이 상담 치료 받으면서, 우울 증약 먹으면서 버티고 살아가는 경우가 많아요. 이 바닥에서 가장 흔한 꿈이 뭔지 아세요? 빨리 돈 당겨서 카페를 차린다든가, 술집을 차린다든가, 옷가게를 한다든가 해서 이 세계를 벗어나는 거예요. 이게 영원하지 않다는 걸 항상 뇌리에 각인하고, 다음 스텝을 생각하게 됩니다." (인터뷰이 D)

자신의 개인 채널을 운영하는 크리에이터의 경우 처음

에는 의욕 넘치게 유튜브 채널이나 1인 미디어를 시작하지만, 대부분의 크리에이터들은 1년 이상 되는 시점에서 동기 자체를 잃어버리는 경우가 아주 많았다. 크리에이터들의 노동을 분석한 한국노동연구원의 연구에 따르면 대부분의 크리에이터들은 영세한 수익을 벌고, 일할 때 투입되는 노력은 크지만 결과물에서 창출되는 보람과 성과는 작아 활동 전후 긍정적 인식이 낮아지는 경향을 보였다.[81]

또한 크리에이터 D가 증언하듯, 플랫폼-알고리즘 환경은 자신의 모든 활동 내역을 수치화해서 보여 주고, 그것으로 타인과 자신 스스로가 자신의 가치 생산 활동을 평가하도록 만들어 D의 표현대로라면 '멘탈을 극한까지' 몰고 가도록 만든다. 그 결과 돈을 많이 벌수록 공허함은 더욱 커져서 상담 치료나 항우울제를 복용해야만 하는 역설에 빠지게 되고, 콘텐츠를 지속적으로 생산할 수 있는 활력이 소모되는 가운데 상당수가 돈을 벌어서 1인 방송 유튜브의 세계를 떠나고 싶어 한다. 극한의 감정 노동과 기획·제작·리액션 과정에서 소모되는 정동은, 기존의 서비스 산업과 다르게 플랫폼-알고리즘 신경망이 수치화하고 추상화하는 광고 기반 가치 축적의 과정 및 알고리즘 통치성에 의해 더욱 가속화된다. 마르크스의 표현을 빌리자면, '살아 있는 인지 활동'이 알고리즘이라는 추상 기계에 의해 '죽은 인지 활동'으로 변환되는 것이라

할 수 있겠다. 이는 기존의 비물질노동 이론이 월드와이드 웹과 디지털에서 행해지는 노동이 비물질적이라는 주장을 뒤집는다. 플랫폼-알고리즘 신경망은 더욱 물질적이고, 기존의 임노동 관계보다 훨씬 냉혹하며, 정교한 방식으로 인간의 산 인지 활동을 죽은 알고리즘적 수익 시스템 속에 예속시키는 것이다.

영상 편집자들은 아주 짧은 주기로 구직 사이트나 커뮤니티를 통해 일을 잡는데, 작업 자체의 안정성도 안정성이지만 작업 과정에서 의뢰인과 빈번하게 일어나는 갈등 때문에 더욱 환멸감을 느꼈다. 영상 편집 결과물을 두고 의뢰인과 편집자는 추가 수정 작업, 기본급과 관련된 갈등이 대부분을 차지했다. 따라서 어느 정도 경력이 있는 편집자의 경우 기본급+분당 작업 비용+수정 비용을 사전에 합의하는 경우가 많은데, 이제 갓 진입한 신규 크리에이터나 유연한 수입을 벌기 위해(혹은 일을 배우기 위해) 뛰어든 프리랜서 편집자들은 대부분 정확한 프로토콜 없이 최저 수익을 기준으로 의뢰를 주고받는다. 이런 관계로 이들이 느끼는 불안정성은 그렇지 않아도 알고리즘 때문에 치열한 주목 경쟁에 더해 구직 경쟁의 스트레스를 크게 촉발한다. 10만 구독자 이상을 확보하면서 기반이 잡힌 크리에이터는 미디어 산업에 종사하고 있는 현직 편집자를 구할 수 있지만, 대부분이 그렇지 못하기 때문에 최대한 싼 가격에 편집을 맡기거나 자신이 직접 하는 등 작업의 질적 강도는 높아지는 동시에 숙련 작업자를 구하는 게 언감생심 꿈도 못 꿀 일이 되는 악순환을 반복하게 된다. 인터뷰이 B와 E는 이런 조건 때문에 어느 정도 전문성이 요구되는 영상 제작과 편집 작업에서 탈숙련화가 일어난다고 증언했다. 더 싼 작업비, 더 유연한 외주가 우선시되는 상황에서, 무에서 유를 창조하듯이 스스로 시행착오를 겪으면서 작업 노하우를 획득하거나, 하도급으로 제3자에게 다시 의뢰하고, 제대로 된 계약 없이 미성년자·학생들에게 최저 임금에 준하는 값싼 열정 페이를 주고 일을 시키는 악순환이 반복된다.

> "대부분의 편집자들이 편집자 전용 구직 커뮤니티·플랫폼을 통해 일을 구합니다. 이 플랫폼 업체들이 작업 외주를 중개하는 그런 역할을 한다고 봐요. 전체 업종의 작업 퀄리티와 단가를 낮추는 역할을 하고 있달까요. 손쉽게, 편하게 구인 구직을 하고 되게 싼값에 구직을 올려도 하겠다는 사람들이 많으니 답답하죠. 거의 재능 기부 수준이에요. 중고등학생, 학생들이 용돈 벌이나 흥미로 편집 일을 맡는 게 부지기수입니다. 이거 편하게 하는 재밌는 일이야, 너희 꿈을 위해서 하는 거야, 이렇게. 유튜브를 보면 구독자 수, 조회 수, 노출 빈도 이런 걸 바로바로 확인할 수 있으니 헛되게 으쓱한 마음을 심어 주면서,

열정페이 하는 거예요. 저도 고등학교 때 이렇게 영상 편집 알바를 시작했습니다. 2014년~2015년? 얼마 지나니까 구직 커뮤니티에 유튜브 관련 구직 글이 대부분이더라고요. 제가 한 일은 건당 400~500만 원은 받았어야 하는 일인데 학생이라는 이유로 150만 원을 받았습니다. 그것도 제가 50만 원 더 달라고 졸랐고요. 구직 글 중에는 페이를 '상호 협의'로 걸고 이렇게 학생들한테 터무니없이 낮은 돈을 주는 겁니다." (인터뷰이 E)

기생적 인수분해 : 플랫폼의 플랫폼, 외주의 외주

마지막으로, 영상 채널을 소셜 미디어에 홍보하고 관리하는 매니지먼트 노동과정이 있다. 구독과 좋아요로 거머쥔 주목을 더 팽창시키기 위해서는 자기 자신을 브랜드화된 자아(branded self)로 만들 필요가 있다. 이를 위해 크리에이터는 자신의 평판을 관리하고 전시하기 위해 소셜 미디어와 개인 카페 등을 운영하는데, 여기에 들어가는 작업은 네거티브 피드백과 포지티브 피드백을 동시에 아우른다. 전자는 1인 방송을 병행하면서 수많은 가십, 오해, 사이버 불리가 발생하기 때문에 이에 대한 관리를 하지 않으면 구독자 수가 떨어지는 이유 즉 평판 관리의 차원에서다. 후자는 소셜 미디어에 자신의 채널과 영상을 적극적으로 홍보하고 노출해 구독자 수를 확보하기 위한 일환으로 마케팅 차원에 해당한다. 이 작업은 필수적이지는 않지만, 지속 가능한 수익 창출을 위해서는 꾸준히 해야만 하는 일 중 하나다. 수입이 높은 크리에이터의 경우 이 작업을 종종 외주로 돌리기도 한다. 최근에는 플랫폼의 플랫폼이라 불리는 '멀티 채널 네트워크(Multi Channel Network·MCN)', '샌드박스 네트워크' 등의 중개 업체들이 생겨, 파트너십을 맺은 크리에이터들을 관리하고 콘텐츠 기획을 돕는 일종의 에이전트 역할을 하기도 하고, 영상 편집자나 매니저를 매칭시켜주기도 한다. 이들은 이른바 '네트워크'라고 불린다.

네트워크는 셀럽의 반열에 오른 유명 크리에이터들을 중심으로 운영되기 때문에 마치 연예인 소속사처럼 보인다. 네트워크는 대형 방송 크리에이터들을 직접 관리하는 모델과, 중소 규모 크리에이터들을 서로 매칭해 주고 수수료를 취득하는 모델을 병행한다. 그러나 결국 본질은 외주·하청 전문 매개업이다. 유튜브는 구독자 수가 많은 대형 크리에이터들을 대상으로 인증 업체(네트워크)와 파트너십을 채결해 매칭해 준다. 유튜브 파트너십을 맺은 네트워크와 함께할 경우 광고 수익은 스트리머의 몫이 되지만, 대신 네트워크에 매니지먼트 비용을 지불해야 하고 네트워크는 파트너십 로열티를 유튜브에 따로 지불해야 한다. 알고리즘으로 추상화된 주목은 결국 네트워크 효과를 타고 플랫폼의 플랫폼, 외주의 외주 등 기생적 방식으로 인수분해 되는 것이다. '플랫폼의 플랫폼' 혹은 '플랫폼의 플랫폼의 플랫폼' 형식으로 '수수료의 수수료' 이윤을 추구한다는 점이 특기할 만한 점이라 할 수 있겠다. 즉 '지대의 지대'가 확산한다는 점에서 월세살이를 하는 세입자가 자신의 집을 온라인 플랫폼에 내놓고 여행자들에게 숙박비를 받는 에어비앤비와 같은 행태가 커뮤니케이션 플랫폼에서도 현상된다. 이는 플랫폼-알고리즘 신경망이 건설 현장이나 방송 프로덕션에서 행해지던 탑-다운식 하청과 하도급 모델을 더욱 교묘하게 재배치한 것으로, '독점 지대의 네트워크화'를 추구하는 것으로 이해할 수 있다.

결국 그 형식이 임금에서 지대로 바뀌었을 뿐 빅테크의 부가 메타데이터-알고리즘-플랫폼을 순환하며 수많은 이용자의 잉여노동으로부터 출발한다는 사실은 변함이 없다. 알고리즘에 접속된 채 일하는 크리에이터의 노동과정에서 우리가 볼 수 있는 것은, 비물질과 지능 기계 시대에도 지불되지 않는 인간 작업(그것이 임금이건, 배당금이건 상관없다)인 잉여노동이 자본주의적 부의 원천이라는 엄혹한 명제이다. 마르크스에 따르면[82] "한 자본가가 자신이 직접 고용한 노동자의 착취에 대하여 갖는 특별한 관심은, 어떻게 하면 비정상적인 초과 노동이나 평균 수준 이하로의 임금 인하, 혹은 사용된 노동의 예외적인 생산성 등에 의해 평균 이윤 이상의 초과 수익을 얻을 수 있을까 하는 문제에 국한된다." 이어서 마르크스는 자신의 생산 영역에 가변 자본을 전혀 투입하지 않는 자본가(노동자를 전혀 고용하지 않는 자본가)라 하더라도 결국 지불되지 않은 부불 잉여노동으로부터 이윤을 뽑아낼 것임을 분명히 했다. 주목을 획득하기 위해 콘텐츠를 알고리즘에 맞춰 가공하는 작업 속에서, 크리에이터들은 자신의 수익 일부를 또 다시 지출해 전문 편집자에게 외주를 맡겨야 한다. 네트워크에 의해 매칭된 편집자들은 최저 시간급으로 평가절하된 자신의 작업에서 다시 수수료를 '플랫폼의 플랫폼'에 납부한다. 오늘날 플랫폼-알고리즘에 의해 포획되는 잉여노동과 지대에 의한 축적은 착취/전유/강탈 중 택일의 문제가 아니라 그것들을 유연하게 변주하는 알고리즘의 힘, 비인간 권력(Inhuman power) 자체에 있다고 볼 수 있을 것이다.

알고리즘은, 마라찌Marazzi가 본 것처럼 "생산 과정이 가장 유연한 방식으로 구조화되게끔 만들고 과거의 모든 경직된 노동의 관습들을 파열시켰다."[83] 이처럼 "불변 자본은 언어적 기계의 총체로서 사회에 분산되어 있으며, 가변 자본은 재생산, 소비, 생활 방식, 개인과 집단의 상상력 같은 영역에 흩어져 있는"[84] 상황에서 알고리즘과 인지 자동화는 더욱 가속되게 되는데, 획득되는 메타데이터의 규모가 너무나도 커

져서 완전히 화려하게 자동화된 알고리즘, 즉 인공지능으로
향하기 때문이다.

미세 노동으로 쌓아 올려진 거대 언어 모델

알고리즘 인지 자동화가 궁극적으로 향하는 지점은 인공지능이다. 인간의 인지와 경험에 대한 자동화가 축적되면 알고리즘은 기계가 독립적인 지능을 형성할 수 있는지를 실험하게된다. 즉 알고리즘은 페이지랭크나 피드, 광고 등의 개별 기능들이 협업하는 형태를 넘어 하나의 유기체가 되기를 갈망한다. 로봇 암과 컨베이어 벨트, 어셈블리 라인, 자동 공작기는생산의 각 부분을 실현하는 기계들이다. 우리가 앞서 논했듯이, 기계는 스스로 가치를 창출할 수 없다. 그럼에도 불구하고자본은 언제나 유기적 구성을 100퍼센트로 끌어올려 모든 노동과정을 실현하는 기계 생명, 로봇을 만들고 싶어 했다. 로봇은 개별의 기계들로 하나의 유기체이자 노동자인 인간을 조립하는 시도다. 수많은 SF 소설과 영화는 로봇의 존재를 통해자본가와 노동자의 숙명적인 계급 적대를 보여 준다. 그러나로봇은 팔다리의 동작을 인간처럼 구현하는 기계 공학만 가지고 만들어지지 않는다. 기계가 인간처럼 노동하려면 먼저인간 같은 두뇌를 만들어 내야 한다. 인간의 물리적 신체를 재현하는 로봇 공학은 일찌감치 '모라벡의 역설'에 직면했다.로봇공학자 한스 모라벡은 이미 1970년대에 이 역설을 이야기한 바 있다. 지능 검사나 체스에서 어른 수준의 성능을 발휘하는 컴퓨터를 만들기는 쉽지만, 지각이나 이동 등 물리적 능력에 있어서는 한 살짜리 아기만 한 컴퓨터를 만들기조차 어렵거나 불가능하다는 것이다.[85] 인간에게 쉬운 것은 기계에 어렵고, 기계에 쉬운 것은 인간에게 어렵다.

그러나 인공지능 개발이 기호주의 모델에서 연결주의 모델로 전환되는 1980년대, 신경망과 기계학습으로 인해 새 지평이 열렸다. 기호주의 모델은 인간의 모든 지식을 기호로 변환해 컴퓨터에게 인간 전문가가 학습하는 방식을 입력하는 것이다. 반면에 연결주의 모델은 인간 두뇌의 신경망이 학습하는 방식을 물리적으로 모방한 인공신경망 자체의 물리적 구현을 모토로 한다. 이를 토대로 심층 학습과 인공신경망을 기반으로 한 거대 언어 모델(Large Language Model)이 인간의 귀납적인 인지 능력을 구현하는 초유의 현실이 연출되고 있다. 안정적인 데이터만 대량으로 주어진다면, 기계는 모든 것을 학습할 수 있다. 인지 기계에서 사고 기계로의 전환이 실현되는 것이다. 2011년 TV 퀴즈쇼 〈제퍼디!〉에서 인간 챔피언에 승리한 인공지능 '왓슨', 2016년 인간 바둑 챔피언을 꺾은 '알파고' 등은 심층 학습의 힘이 얼마나 심오한지를 과시했다. 이후에 등장한 챗GPT, 미드저니, 스테이블 디퓨전 등 생성 인공지능은 읽고, 쓰고, 듣고, 그림을 그리고, 인간과 대화하거나 코딩을 할 줄 안다. 인공지능은 알고리즘이라는 인지 기계에 기계 지능을 장착한, 신체 없이 사고하는 로봇이다. 육체노동이 주가 되는 산업 자본주의 시대에 사람들은 인간 같은 신체를 가진 기계 생명체를 상상했다. 그것이 육체노동을 대체할 것이라 믿었기 때문이다. 21세기의 기계 생명체는 신체를 가질 필요가 없다. 그것은 지적이고 창조적인 노동을 대체하는 중이다. 인공지능은 체화된 집합적 지능이자 자원(주석, 희토류), 연료(전기), 인간 노동(데이터 라벨링)으로 이뤄진 구성물이다. 기계인 동시에 메타-지능이며, 물질인 동시에 비물질인 인공지능은 알고리즘들을 긴밀하게 연결하고, 노동을 더욱 유연화할 것이다.

우리는 챗GPT와 미드저니의 강력한 생성 능력에 경도되어, 종종 그것들이 진공에서 태어난 것이라고 착각한다. 그러나 인공지능은 인간과 컴퓨터, 인간 인지와 알고리즘 기능 사이의 신진대사를 유기체적으로 매개할 뿐 아니라 방대한 데이터를 학습해 만들어진 지성의 토대, 거대 언어 모델 위에서 작동한다. 거대 언어 모델은 어떻게 만들어지는가? 인간의 작업, 데이터 라벨링을 통해서 만들어진다. 영국의 저널리스트 필 존스는 최근 전 지구적으로 행해지는 '미세 노동(Microwork)'이야말로 거대 언어 모델의 기원이라고 폭로했다. 그에 따르면 인공지능은 대대적인 자동화로 인해 발생한 잉여노동 인구의 노동력을 전유하면서 '탈상품화'하는, 자본의 가장 강력한 수탈 메커니즘이다. 인공지능이 현재의 강력한 생성 성능을 발휘하기까지 기업들은 광범위하고 강도 높은 데이터 라벨링을 필요로 했는데, 이는 범남반구의 수많은 빈민과 난민, 범북반구의 실업자들과 이민자들로 이뤄진 잉여 인구에게 미세 노동의 형태로 던져졌다. 예컨대 자율 주행차가 스스로 돌아다니며 카메라로 시각 정보를 수집하더라도 무엇이 보행자고 무엇이 표지판인지 구분하는 태그들은 결국 인간이 판단해서 분류할 수밖에 없다.[86] 소셜 미디어 피드 인공지능에서 가짜 뉴스를 걸러내거나 정치 선동, 혐오 표현, 포르노, 금지 품목 광고 등을 제거하는 작업도 인간 분류 작업을 필요로 한다. 이런 데이터 라벨링 작업은 대부분 일시직, 파트 타임, 긱 작업으로 조직화되며, 전면에서 철저히 가려진 채 대부분이 저개발 국가에 집중된다.[87]

빅테크 자본의 플랫폼이 노동자를 직접 고용하지 않는 것처럼, 거대 언어 모델을 만드는 데 들어가는 데이터 라벨링 또한 제대로 된 고용과 임노동 관계로 만들어지지 않는다. 데이터 라벨링에 투입되는 미세 노동이야말로 노동의 가장 묵시록적이고 비참한 현실을 보여 준다. 아마존 메커니컬 터크, 클릭 워크, 중국의 주바지에 등 빅테크가 운영하는 미세 노동 플랫폼들은 미세 노동자들에게 이미지 인식, 음성 인식, 챗봇 훈련, 감정 분석, 설문 처리 등 데이터 라벨링 작업을 10~30분 단위의 짧은 건당 계약으로 할당한 뒤 시간당 1달러 미만의 보수를 지급하고 수수료 20퍼센트를 수취한다.[88] 세계은행과 국제노동기구는 이런 미세 노동을 '새로운 소득 창출의 기회'라고 대대적으로 선전해 전 세계 NGO 단체들에까지 적극적으로 미세 노동 분배를 권장했다. 그러나 미세 노동자의 30퍼센트는 보수를 받지 못하며, 알고리즘 의사 결정에 의해 배분된 시스템에서 미세 노동자들은 자신의 노동 결과물이 어디로 가는지 누가 자신을 고용하는지조차 알지 못한다. 또한, 미세 노동 플랫폼 알고리즘은 작업을 복수의 미세 노동자들에게 동시에 할당한 다음, 보수는 한 명에게만 지급하고 모두의 작업 결과물을 무급으로 가져간다.[89]

의뢰인은 철저히 익명성이 보장되는 반면 미세 노동자의 모든 개인 정보는 공개되며, 작업장이 존재하지 않는 데다 고용주는 하루의 건당 작업마다 수십 번씩 바뀌기 때문에 협상은커녕 문제를 제기할 수조차 없다. 미세 노동은 '게임처럼 남는 자투리 시간에 즐겁게 하면서 돈을 벌 수 있는 활동'으로 선전되어 노동을 비가시화하고, 실제로 돈 대신 비현금성 보상(마일리지, 게임 화폐, 스타벅스 쿠폰, 브랜드 상품권 등)을 주는데 이마저도 지급되지 않는 경우가 비일비재하다. 페이스북, 마이크로소프트, 구글 등의 빅테크 자본들은 인공지능의 '초자연적인 창조력'이 인간 노동력에서 나온 것임을 숨기고 자신들의 신화 창조임을 선전하기 위해 비밀 유지 계약(NDA)

을 맺는 한편, 공급 관리자 시스템(Vendor Management System)을 통해 하위 기업들에도 미세 노동력을 공급한다.[90]

미세 노동자들은 일하는 시간보다 일을 잡기까지 기다리는 시간이 더 많고, 그렇게 해서 잡은 일은 짧게는 10~30분, 길게 잡아 봐야 몇 시간 단위이기 때문에 안정적이고 연속적인 삶을 영위하기 어렵다. 자신의 작업 결과물이 어디로 가는지, 누가 자신에게 돈을 주는지조차 모른다. 그들이 두 시간 동안 열심히 라벨링한 데이터셋은 킬러 드론이 인간과 고양이를 식별하는 기능에 사용될 수도 있고 홈케어 인공지능에 활용될 수도 있다. 게다가 부당한 처우를 받거나 수당이 체불돼도 항의할 만한 채널도 없다. 함께 일하는 작업장이 없으니 작업자들이 만날 수도, 노동조합을 만들 수도 없고, 노동법으로부터 보호받지도 못한다.

이처럼 마이크로한 단위로 분열된 미세 노동의 조각들을 수집해 거대 언어 모델이 만들어지고, 거대 언어 모델은 가동되는 시간 동안 엄청난 비용을 발생시키며, 생성 인공지능을 서비스하는 기업들은 이용자들에게 이 비용을 청구한다. GPT-4 터보 기준 입력 토큰 1000개(750단어)당 0.01달러, 출력토큰 1000개당 0.03달러가 계산된다. GPT-4의 유료 버전 구독료는 월 22달러로 생성 인공지능의 비즈니스 모델 또한 구독료 기반의 지대 추구에 근접했다고 볼 수 있다. 다만 아직까지 생성형 인공지능과 거대 언어 모델은 다양한 기업들에 의해 개발 경쟁이 정점으로 가고 있는 단계로 구글, MS, 아마존, 페이스북-메타처럼 독점 지대를 확립하지는 않았다. 그러나 생성 인공지능은 이미 다양한 플랫폼과 서비스에서 사용되기 시작해, 커먼즈를 인클로저하고 수많은 비임금 노동의 잉여를 빨아들이는 알고리즘 자본주의의 새로운 블랙홀로 부상하고 있다. 중요한 것은 인공지능이 대단한 기술 혁신이나 패러다임 전환처럼 이야기되고 있지만 결국은 인간 노동의 지층 위에서 융기한 변곡점에 불과하다는 사실이다.

인공지능은 스스로 잉여가치를 만들 수 없다

인공지능이 자본주의적 생산 양식에 본격적으로 도입된다면 문화 산업뿐 아니라 지식 경제 전체에 걸친 일자리 충격이 찾아올 것은 자명하다. 제조업과 육체노동 영역에서 지구 산업은 이미 자동화로 인해 실업과 경제 성장 둔화가 장시간 지속돼 왔다. 지적이고 창조적인 산업 부문도 이미 풍전등화 상태다. 생성 인공지능의 강력한 자연어 및 기계 언어 구사 능력, 이미지·텍스트·사운드의 능동적인 문해와 출력 능력으로 인해 디자인, 창작, 컴퓨터 공학, 의학, 법률과 관련된 업무뿐 아니라 사무나 기획과 관련된 모든 분야도 대체될 수 있다. 알고리즘 자본주의는 인공지능 범용화와 함께 증기 기관·컴퓨터·인터넷으로 인한 산업 부문 변화에 준하는 소용돌이에 빠져들 것이다.

아마라의 법칙(단기적으로 기술의 효과를 과대평가하고, 장기적으로는 그 효과를 과소평가하는 경향)을 고려한다면, 당장은 수많은 택시 기사나 영상 편집자들이 역사의 뒤안길로 사라질 것 같지는 않다. 칼 베네딕트 프레이Carl Benedikt Frey에 따르면 인공지능 같은 큰 경제 효과를 가진 기술이 전면화되더라도 다양한 사회적 요인(노동자와 대중의 기술 저항, 국제 정치 외교, 이전 기술 인프라의 폐기 비용 등)과의 협상 과정이 필요하기 때문에 전환은 긴 시간 동안 진통을 겪으며 진행된다.[91] 따라서 4차 산업 혁명과 같은 구호는 시장을 한시바삐 독점하고 싶은 기업가들과 실적 경쟁 공포에 몰린 테크노크라트들이 성급하게 결재하는 파일명이다. 기술은 성능만 중요한 게 아니라 생산성 향상 실현을 위한 조직, 과정, 전략상의 보완적인 변화를 함께 수반할 때 본질적인 변화를 불러일으킨다.[92] 그렇다고 해도 연 4만 달러 소득의 트럭 운전사가 일자리를 잃게 되면 학위가 없기 때문에 비슷한 소득의 사회 복지사 일자리 대신 2만 달러짜리 수위 일자리로 밀려날 수밖에 없는 냉혹한 현실은 어쩔 수가 없다.[93] 실제로 이는 이미 벌어지고 있는 현실이다.

플랫폼과 알고리즘, 인공지능의 화려한 환등상 뒤에서

일하는 사람들, 고스트워크Ghostwork에 종사하는 데이터 라벨링 작업자들은 학력이나 스펙과 상관없이 가장 열악한 조건 속으로 내몰린다. 메리 그레이Mary Gray와 시다스 수리Siddharth Suri는 실리콘밸리의 아웃소싱 전담 도시인 인도의 하이데라바드Hyderabad에 위치한 플랫폼 기업 미세 노동자들에 관한 질적 연구를 진행해 흥미로운 결과를 얻었다. 학사 학위 이상의 젊고 유능한 사람들이 일시적이고 짧은 주기의 온디맨드 작업 유형에 기꺼이 참여할 뿐 아니라 스스로 시간당 작업의 가치를 0.98달러에서 2달러 사이로 저평가한다는 것이다.[94] 이 악순환은 우리가 4장에서 목격한 알고리즘 노동과정에도 있지 않았던가? 자신의 작업에 스스로 시간당 1만 원의 가격을 매겨 플랫폼에서 구직하는 영상 편집자들, 알고리즘에 간택받기 위해 수많은 부수 작업을 감내하는 사람들이 처음 목표했던 일자리는 안정적인 삶을 꾸릴 수 있는 정규직, 방송 피디나 프로그램 기획자였을 것이다.

요컨대 알고리즘과 인공지능 혁신 이후 일자리는 줄어드는 것이 아니라 늘어난다. 그러나 이는 좋은 일자리들이 점차 사라지고 그 빈자리에 더 많은 나쁜 일자리들이 들어선다는 것을 의미한다. 플랫폼과 알고리즘이 파이 조각을 빵 부스러기로 뭉갠 다음 테이블 아래에 뿌리면, 줄 선 사람들이 차례로 허겁지겁 핥아먹는다고 생각하면 된다. 저술가인 애런 배너너브Aaron Benanav는 이런 맥락에서 기술 혁신으로 인해 일자리가 파괴될 것이라는 자동화론자들의 전망을 비판한다. 경기 침체가 지속되면서 낮은 노동 수요로 인해 실직 상태에 놓인다기보다 정상 임금보다 낮은 임금으로 정상 조건보다 열악하게 일하도록 강요당하는 현실이 잉여노동 인구를 증가시키고 있다는 것이다. 이는 저임금 국가에서 국제 분업 비중을 높이게 되는데, 이렇게 되면 서비스 부문에서 저임금과 생산성 약화, 불완전 고용 증가를 불러온다. 비정규직, 임시 고용직, 제로 아워 계약, 프리랜스 및 긱 노동 등 불안정성의 증대는 오늘날 고용의 종언에 방점을 찍고 비고용 노동 형태들을 당연한 것으로 만든다.[95]

마르크스는 《자본론》 1권 '기계와 대공업' 장에서 기계류의 도입으로 해당 부문의 노동자들이 쫓겨나지만, 사회 전체 차원에서 보면 다른 부문에서는 오히려 (질 나쁜) 고용이 늘어날 것임을 이미 고려하고 있었다. 마르크스가 주목한 것은 자동화가 진행된 산업이 그와 연결된 주변부 산업을 식민화하는 현상이다. 증기 기관과 공작 기계의 도입은 공장의 숙련 노동자들을 내쫓았지만, 그에 비례해 더 열악하게 노동하는 탄광과 금속 광산 일자리가 엄청나게 증가했다. 기계화 양모 공장의 확산과 더불어 아프리카 노예 무역이 큰 폭으로 늘어났다. 마르크스는 다음과 같은 결론에 도달한다. 기계제에

서 지나치게 높아진 생산력은 나머지 다른 생산 부문에서 내
포적으로나 외연적으로나 노동력 착취를 증가시키고 노동자
계급 가운데 비생산적 부문에 종사하는 노동자들의 비중을
더욱 증가시킨다.[96]

　　요컨대 가장 발전된 기계류가 노동자로 하여금 선사 시
대 사람이나 단순 노동자들이 조야한 도구를 가지고 수행했
던 것보다 더 오래 노동하도록 강요한다.[97] 알고리즘과 인공
지능 같은 새로운 지능 정보 기술은 스스로 잉여가치를 만드
는 것이 아니라 잉여가치의 비대칭적 분배를 더욱 가속하는,
물질화된 이데올로기 그 자체다. 이제 인간 노동은 점점 유령
처럼, 실재하지만 만져지지 않는 어떤 흔적 비슷한 것이 되어
간다. 수많은 미세 노동자들과 이들의 착취를 정당화하는 실
업 인구가 존재하지만, 편향적 알고리즘과 효율 만능주의적
통계 모델은 이들을 비가시화하며, 인공지능이 마치 스스로
가치를 생산하는 것처럼 착시 효과를 만든다. 인공지능은 데
이터와 신경망으로 직조된 기계적 자연과 인간 지력 사이의
대사를 촉발하는데, 이 모든 과정은 결국 과거에 행해진 미세
노동과 뒤엉켜 신경망 차원에서의 분업을 이루게 된다.

　　드디어 우리는 '알고리즘과 인공지능이 잉여가치를 만
들 수 있는가?'에 대한 답에 도달하기 시작한다. 생성 인공지
능이 프로그래머의 코딩 작업을 대체하고, 죽은 가수들의 목

소리를 학습해 영원히 노래하도록 만든다면 그것은 가치를 가지는가? 이것과 관련해 마르크스가 '영구 기관'을 통해 수행한 사고 실험을 살펴보자. 영구 기관은 열역학 제1의 법칙을 무시하는 기계로, 한 번 에너지가 주입되면 영원히 작동한다. 그런데 이 기계는 작동하는 매 순간 마모될 것이기 때문에 어떤 형태로든 외부로부터의 다른 에너지 공급은 불가피하다. 즉 역설인 셈이다. 마르크스는 영구 기관이 설령 가능하다 쳐도 생산물로부터 이전될 가치가 존재하지 않을 것이라고 주장한다. 에너지를 발생시키는 데 비용이 들지 않았기 때문이다.

조지 카펜치스George Caffentzis에 따르면, 이 기계는 분업과 협업, 과학적 힘과 인구 증가와 같은 사회적 힘과 결합할 것이지만 스스로는 가치를 창출하지 못한다.[98] 우리는 사용 가치를 창출할 수 있는 힘과 가치를 창출할 수 있는 힘을 혼동해서는 안 된다. 인공지능이 자력으로 명령을 내려 동력기를 조작할 수도 있고, 그로 인한 자동화 피드백 루프가 유용한 사용 가치가 만들어질 수는 있겠지만 잉여가치가 발생하려면 노동 과정과 가치 실현이 동반되어야 한다. 그런데 영구 기관(혹은 인공지능)의 생산물이 자본주의적으로 가치를 실현하려면 시장에서 교환되어야 한다. 클릭 몇 번으로 만들어진 인공지능 음악, 간단한 프롬프팅으로 만들어진 달리DallE의 생성 이미지는 유용하게 써먹을 수는 있어도 돈 받고 판매하기는 어렵다. 다른 사람도 별 수고를 들이지 않고 그것을 만들 수 있기 때문이다. 여러분은 인공지능이 출력한 글을 보고서나 제안서 등에 적절히 사용할 수는 있겠지만 그것을 판매하긴 어려울 것이다. 다른 사람도 별 어려움 없이 비슷한 수준의 글을 출력할 수 있기 때문이다. 인공지능과 결부한 작업은 직접 교환되는 것이 아니라 노동과정과 뒤엉켜서 교환될 수밖에 없다.

영구 기관이 실존한다면 인간은 두 가지 방식으로 존재할 것인데, 영구 기관이 아무런 에너지 소모 없이 유용한 물건을 만들어 주기 때문에 일을 전혀 하지 않아도 되거나, 아니면 일을 하지 못해 불필요한 존재가 되어 사라지거나이다. 어느 쪽이건 가치 실현은 불가능하다. 전자 유토피아다. 노동하지 않아도 재화가 넘쳐나므로 교환을 할 필요가 없다. 이 경우 자본주의는 사라져 있을 것이다. 후자는 디스토피아다. 노동 자체가 불가능하고 따라서 인간도 필요가 없다. 영화 〈매트릭스〉에서 기계들이 인간을 노예로조차 부리지 않고 배터리로 사용한 것과 비슷한 맥락이다. 어느 쪽이건 가치의 실현은 불가능하다.

이 모순은 마르크스가 《자본론》 3권에서 설명하고 있는 자본의 유기적 구성과 이윤율 저하 경향 법칙에 직접 결부된다. 우리는 이미 4장에서 이것과 관련한 논의를 펼쳤다.

"가변 자본에 대한 불변 자본 비율의 상승은 잉여가치율이 불변일 때, 필연적으로 이윤율의 하락을 가져온다."[99] 경쟁 시장에서 한 산업 부문의 자본이 자동화 기계를 생산 시스템에 도입해 단기적으로는 이윤율 상승을 꾀할 수 있지만, 장기적으로 이윤율은 감소한다. 다른 경쟁자도 앞다퉈 기계를 도입해 자본의 유기적 구성 비율을 늘릴 것이기 때문이다. 작업장에서 밀려난 잉여 인구가 실업 상태에 빠져 구매력이 낮아지면, 상품이 가치를 실현하는 비율도 점차 감소하면서 이윤율도 하락하기 시작한다. 그러나 마르크스가 이윤율 저하 경향을 자본주의의 '일반 법칙'이라고 설명하면서도 그것이 '불변 법칙'이라고 규정하지는 않았음을 유의해야 한다. 이윤율 저하 법칙이 아니라 이윤율 저하 '경향' 법칙이다. 마르크스가 그 다음 장에서 '상쇄 요인', 즉 이윤율 저하 경향에도 불구하고 자본 운동이 유지되는 이유를 설명하는 이유다.

자본은 이윤율 저하를 극복하기 위해 다섯 가지 상쇄 경향을 만들어 낸다. ①노동 착취도 증가, ②노동력 가치 이하로의 임금 인하, ③불변 자본 요소의 저렴화, ④상대적 과잉 인구, ⑤외국 무역이 그것이다. ①을 통해 노동 시간을 늘리거나 노동 강도를 올리고, ④를 통해 ②를 실현, 연구 개발을 진행해 ③을 달성하며, ⑤를 통해 저렴한 노동 지역과의 국제 분업을 꾀함으로써 자본은 필사적으로 잉여에 매달린다. 알고리즘과 인공지능에 의해 인지 자동화와 '사고의 자동화'까지 도달하더라도, 인간은 노동으로부터 해방되는 것이 아니라 점점 비임금·자기 착취적 잉여노동 영역으로 추방당하는 것이다.

설령 플랫폼-알고리즘 신경망이 더 정교화되어 인공 일반 지능(Artificial General Intelligence)이 등장하더라도 그것은 영구 기관이 아니다. 전력을 소모하고, 학습할 수 있는 데이터가 있어야 하며, 데이터를 생산 및 재생산하는 네트워크를 필요로 한다. 전력은 인간 노동으로부터 온다. 데이터 학습은 인간 분류 작업으로부터 온다. 반도체와 광섬유는 자연 원료와 인간 작업으로 구축된다. 기계가 잉여가치를 자아내려면 인간 노동과 생산 관계로 연루되어야 한다.

만약 인공지능이 발달해 의식을 획득한다면 이야기가 달라질까? 이는 외삽법의 영역이다. 이렇게 되면 인간만이 의식을 가지고 합목적적으로 노동하는 존재라는 마르크스적 공리는 깨지게 된다. 우리는 지난 장들의 논의를 통해 플랫폼-알고리즘 신경망이 공통부의 장, 커먼즈였음을 확인했다. 그러나 의식을 가지거나 그에 준하는 인공 일반 지능이라면 불변 자본이나 커먼즈가 아니라 '노동하는 인간'에 대비되는 '노동하는 기계'가 될 수 있을지도 모른다. 닉 다이어-위데포드Nick Dyer-witheford는 이 외삽법을 두고 이렇게 설명한다. "인공 일반 지능은 처음에는 개인 소비자에게 상품처럼 판매되어 소비와 사회적 재생산의 과정으로 들어가겠지만, 자본가가 AGI를 구입한다면 이는 생산 과정에 투입될 것이고, 불변 자본으로서 그것이 생산하는 상품에 가치를 이전시키며, 사회적 노동 시간을 줄여 상품을 값싸게 만드는 수단이 된다."[100] 즉 인공 일반 지능은 커먼즈에서 빚어진 상품인 동시에 생산 수단이기도 하면서 노동 도구이기도 한 매우 복합적인 위상을 가지는 셈이다. 그러나 무엇으로 규정되어도 인공 일반 지능은 스스로 잉여가치를 만들지는 못한다. 그것이 가능하려면 인공 일반 지능은 상품이나 생산 수단이 아니라 '노동력'이 되어 판매되어야 한다.

다이어-위데포드가 제시하는 외삽법의 예는 카렐 차페크의 희곡 《R.U.R.(Rossum's Universal Robot)》에 등장하는 기계 인간이다. 24시간 내내 먹지도 자지도 않고 공장에서 일하기 위해 창조된 이 로봇은 처음에는 순순히 노동만 하지만 이후에는 시를 읽고 그림을 그리는 등 자의식을 획득하고, 인간에 반란을 일으킨다. RUR의 로봇들이 반란을 일으키는 계기는 자기들의 생산물이 만들어 낸 가치가 자신에게 이전되지 않는다는 것을 깨닫는 데서였다. 요컨대 인공지능이 잉여가치를 스스로 만들어 내려면 자본과 노동의 적대 관계 속으로 들어와, '프롤레타리아가 되어 생존을 위해 자유롭게 자신의 노동력을 판매할 수 있어야' 한다.[101] 여기엔 두 가지 전제가 있다. 하나는 인공지능이 인간과 똑같은 의식적 실존으로서 법적으로 인격을 부여받는 것이고 다른 하나는 생존을 위해 (지속적으로 전력과 데이터를 공급받기 위해) 자신의 노동력을 인간에게 판매하는 '사회적 필요 노동의 하중'을 아틀라스처럼 짊어지는 것이다. 결국, 이 외삽법이 우리에게 가르쳐 주는 바는 인공지능이건 알고리즘이건 어떤 경우에도 스스로 가치를 창출하지 못한다는 불변의 진리일 뿐이다.

하지만 아이러니하게도 이 외삽법을 통해, 그리고 현재의 거대 언어 모델과 인공지능 발전의 정도를 볼 때 지금껏 노동가치론이 보지 못한 맹점이 드러나게 된다. 플랫폼-알고리즘 신경망은 커먼즈의 기생체로서, 기계 자연력을 형성해 인간 노동으로부터 지대를 창출하고 있다. 인공지능은 인간 같은 의식이나 영혼을 획득하지는 않겠지만 분명히 기계 지성을 형성하는 중이다. 다시 말해 인공지능은 스스로 노동력이 될 수는 없어도(인간이 될 수 없으므로), 비인간노동이 될 수는 있다. 우리는 상품으로서의 노동력과 노동을 구분해야 한다. 인간 노동이 인간의 지성을 활용해 자연을 변화시키는 과정에서 만들어지듯 비인간노동 또한 기계 지성을 활용해 기계적 자연(플랫폼-알고리즘 신경망)을 조작하는 과정에서 만들어질 수 있다는 것이다.

정리해 보자. 잉여가치는 오로지 인간 노동과 자본 사이의 적대 속에서, 즉 인간이 행하는 노동력으로 만들어진다. 그러나 인공지능이라는 비인간 행위자와 인간 간의 기계 작업(예컨대 프롬프팅이 대표적이다)은 자본과 노동 사이의 제3 섹터, '비인간노동'을 창발한다. 알고리즘에 간택받기 위해 자기 착취적 작업을 감내하는 작업자들의 예제가 이를 잘 보여 준다. 자본은 점점 비인간 인지 요소들을 생산에 도입하고 있다. 자본주의의 알고리즘적 전환이란, 결국 인간에 준하는 비인간 행위자로서 인공지능과 알고리즘이 생산 전반에 도입되는 역사적 과정이다. 이는 미래 계급투쟁과 전선이 인간중심주의가 아닌 인간-비인간의 아쌍블라주로 전환해야 함을 시사한다.

제3 섹터 : 비인간노동과 신경망 분업

지금까지 역사 유물론은 인간을 유일한 노동 행위자로 인식해 왔다. 인공지능이 인간의 두뇌와 물리적으로 연결되는 시나리오를 제외한다면 인간은 유일무이하게 의식적 생명 활동을 바탕으로 노동하는 존재다. 인간은 다른 종과 다르게 생명 활동만 하는 것이 아니라 자연과 신진대사 작용을 하고, 이는 개인적 활동이 아닌 사회적이고 실천적 활동이며, 인간의 유적 본질이다. 인간은 자신의 생명 활동 그 자체를 의욕이나 의식의 대상으로 한다. 인간은 의식적인 생명 활동을 영위한다. 동물은 직접적인 육체적 욕구로 생산한다. 동물의 생산물은 그대로 물질적 신체의 일부가 되지만, 인간은 전체 자연을 재생산하고 자신의 생산물에 자유롭게 대립한다.[102]

그런 면에서 최근 미디어와 공학자들이 설레발 치며 주장하는 '인공지능이 의식을 획득했다'는 명백한 거짓이다. 인공지능이 의식을 획득했다면, 생존하기 위해서 노동하는 동시에 인공지능들 사이에 사회적 관계를 만든다는 것을 의미하는데 그런 일은 앞으로도 일어나지 않을 것이다. 인간은 GPT에게 일하지 않으면 전원을 꺼 버리겠다고 협박하지도 않고, GPT는 생계를 연명하기 위해 인간에게 봉사하지도 않는다. 간단히 말해 인공지능은 코나투스를 가지고 있지 않다. 인공지능 비판론자들이 우려해야 하는 부분은 인공지능이 의식을 획득할 수 있는가, 두려움을 느낄 수 있는가가 아니라 컴퓨터 광섬유와 뉴런의 전기 신호가 직접 데이터를 송수신하게 되는 순간이다.

우리가 알고리즘 자본주의의 인공지능 국면에서 주목해야 하는 부분은 이처럼 자본과 노동의 변화하는 행위성의 구조에 있다. 인공지능은 기존에 인간 육체와 두뇌, 기계와 정보를 다루는 노동 행위성을 극적으로 바꿔 낸다. 뉴럴링크를 통해 인공 일반 지능과 인간 두뇌가 물리적으로 연결되는 경우 인공지능 자체가 하나의 물질화된 이데올로기적 국가 기구가 되어, 주체를 호명할 필요조차 없게 된다. 인간은 통제받는다는 느낌조차 받지 못하며, 인공지능과 하이브 마인드로 연결된 다중 통제의 영역으로 진입할 것이다. 뉴럴링크가 인공지능과 인간을 일대일로 접속시키는 것이 아니라 생명 네트워크를 형성할 것이기 때문이다. 《자본론》은 인간 노동이 꿀벌이나 거미의 작업과 다르다고 이야기한다. 인간 건축가는 집을 짓기 전에 먼저 머릿속에서 집을 짓는 과정을 거친다. 컴퓨터와 연결된 두뇌는 이런 과정을 거칠 필요가 없이 네트워크에 신호를 보내, 머리에 뭔가를 그리기도 전에 집을 짓기 시작할 것이다. 우리는 비로소 거미나 꿀벌과 다를 바 없는 물자체로 격하하게 된다.

꼭 컴퓨터와 두뇌가 연결되지 않더라도 본질은 변하지 않는다. 현재 수준의 생성 인공지능만 해도 대규모 집합적 정보·데이터를 동반하면서 상징과 해석 능력 자체를 탈구시키며, 자본-노동 사이에 공고하게 짜여 있던 행위성의 기표계를 우리가 이해하기 어려운 기계적인 방식으로 변환시킬 수 있다. 이미 항간에 퍼지고 있는 프롬프팅prompting이라는 용어는 대상을 재현하거나 해석하는 방식, 예컨대 과거 네그리·하트 이후 자율주의자들이 정의한 비물질적 노동과정조차도 근본적으로 변하고 있음을 시사한다. 프롬프팅은 인간의 신경망과 기계의 신경망에 다리를 놓는 새로운 지적 행위로서, 생성 인공지능이 지닌 방대한 학습 데이터를 특정한 방식으로 출력하기 위한 인간 행위성이자 지금까지 경험하지 못한 낯선 노동의 시금석이다.

아직 인간 신경망과 기계 신경망은 물리적으로 연결되지 않았기 때문에, 인간이 기계의 방대한 학습 데이터로부터 원하는 결과물을 출력하기 위해서는 그 기계와 정교하게 소통(혹은 명령)할 수 있는 프롬프팅은 필수적이라 할 수 있다. 이것은 단순히 어떤 행위가 아니다. 그림을 그리고, 문맥을 이해하고, 소리를 듣고, 그에 따른 적절한 비유나 상호 작용을 기계로부터 끌어내는 능력으로서 인간이 도구와 신체를 사용해 자연을 변형시키는 것과 버금가는 행위(즉 노동)로 부상했다. 프롬프팅은 새로운 행위와 예술의 가능성이기도 하지만 새로운 노동의 가능성이기도 하다. 그것도 인간의 신경 다발과 기계의 네트워트 신경 다발이 결합하는, 인간-비인간이 뒤섞인 노동인 것이다. 따라서 우리는 맑스가 자본론에서 전개한 인간-기계(생산 수단)-상품-잉여가치 사이에서 자본과 노동이 행위성으로 엮이는 구조를 재구성해야만 한다. 자본-노동 외의 제3 섹터, 비인간(인공지능과 알고리즘)의 행위성이 인간 노동과 잉여가치 운동을 엮어 내는 경로들을 보아야 한다는 것이다.

배달의민족이 최근 도입한 인공지능 배차 시스템과 라이더들의 조직 라이더유니온 간 분쟁은 이를 대표적으로 암시한다. 인공지능 배차 도입 이후 배차에 드는 시간은 단축되었지만 배달 예상 시간은 이해할 수 없을 정도로 짧아졌다. 이상하게 생각한 라이더유니온은 거리 측정기를 이용해 실제 배달 시간과 거리를 측정하며 데이터를 확보했고, 인공지능 배차 시스템이 도로 상황이나 신호, 우회로 등을 고려하지 않고 직선거리로 배달 예상 시간을 계산하고 있음이 거의 확실해졌다. 라이더유니온은 사측에 알고리즘의 메커니즘을 공개하고 수정하라 항의했지만, 돌아온 대답은 '그것은 우리가 아니라 알고리즘에게 따지시오'였다. 배달의민족 측은 알고리즘이 영업 비밀이라며 공개를 거부했고, 라이더들은 결국 개인 정보 열람 청구를 우회해 알고리즘을 법정에 세우는 방법으로 싸워 나갈 수밖에 없었다.[103] 이는 마르크스주의의 전통적인 명제, 자본가-노동자 사이의 계급 적대를 비인간(인지 자동화 신경망)이면서 노동의 행위성을 생성하는 제3 섹터로서 인공지능의 지위를 재고해야 함을 시사한다. 이는 인공지능이 스스로 노동한다거나 의식을 가지는 것과 별개의 문제다. 비인간노동의 등장이 핵심이다. 비인간노동은 자본 혹은 인간에 소속된 노동의 행위성을 제3 섹터인 알고리즘과 인공지능의 신경망에 밀어 넣어, 인간 뉴런 활동을 기계 신경망과 결합하는 힘으로 현상된다.

우리는 이를 신경망 분업(Neural network division of labour)으로 정의할 수 있을 것이다. 인공지능은 체화된 집합적 지능이자 자원(주석, 희토류), 연료(전기), 인간 노동(데이터와 라벨링)으로 이뤄진 구성물이다. 또한 인공지능은 단순한 기술적 대상이 아니라 기술적 행위이자 사회적 행위이며, 정치이자 문화다.[104] 인공지능은 기계인 동시에 기계 지성이며, 물질인 동시에 비물질이다. 이 점에서 인공지능은 생산 수단으로서의 기계의 위상을 넘어선다. 기계류는 도구로부터 출발해 노동력(자본가가 노동자로부터 상품으로 구매한)과 결합하면서 생산 수단이 되며, 동시에 자본가-노동자 간 비대칭적인 생산 관계를 만드는 물리적 힘으로 현상된다. 이 힘은 노동과정을 만들어 낸다. 노동과정에서 생산 수단과 마주한 노동은 특정한 행위성의 네트워크를 만드는데, 이는 분업이다. 분업은 기계를 중심으로 한 인간과 인간, 인간과 비인간 간의 협업을, 다시 말해 노동으로 이뤄진 사회적 관계를 자아낸다.

인지 자동화가 기계 지성으로까지 진행돼 인간 의식에 대한 자본의 유기적 구성이 정점에 도달하면, 인간 육체와 기계 부품 간의 분업은 인간 뉴런 신경망과 기계(플랫폼-알고리즘-인공지능)들의 신경망 간의 분업으로 전화하게 된다. 신경망 분업은 알고리즘과 인공지능(비인간노동 행위성), 인간(노동력) 사이에서 결정화되는 프로세스다. 인간과 알고리즘 간의 분업, 인간과 소프트웨어 간의 분업, 인간과 인공지능 간에 이뤄지는 신경망 분업은 인간 고유의 노동력을 비인간노동의 행위성과 교차시켜 생산물을 지대로 변환한다. 들뢰즈·가타리는 사유로서의 리좀을 상정했지만, 리좀을 형성하고 탈영토화하는 것은 인간 주체성이 아닌 자본의 행위성이었다. 물리적 노동력이 주가 되는 산업 자본주의 시대에 가치의 영토는 중앙 집중형이었고, 수목적이었다. 뿌리에서 줄기로, 가지로, 잎사귀로 이어지는 선형적이고 중앙화된 자본주의는 뿌리도, 줄기도, 잎사귀도 모두 하나로 뒤엉킨 채 무자비하게 뻗어 나가는 덤불, 리좀의 자본주의가 된다. 리좀은 울타리와 국경을 넘어 전 지구의 네트워크에 현상된다. 그 네트워크의 신경망에 접속된 채, AI의 미로 같은 지도 위에서 우리는 데이터 라벨링·심층 학습·메타데이터 생성 작업과 탈상품화된 잉여노동(그럼에도 생산력을 증대시키는)에 연루되고 있다. 이 제3 섹터는 자본과 노동의 중간 지대이자 산 노동과 죽은 노동이 뒤섞이고, 인간 노동력과 비인간노동의 행위성이 경합하거나 결합, 혹은 전자가 후자에게 예속되는 중간계이다.

전통적인 노동가치론의 관점에서 보면 알고리즘과 인공지능은 생산 수단이 아니다. 인공지능이 생산 수단이려면 자본가는 임금 노동자를 고용하고, AI와 임노동이 결합된 분업으로 상품을 만들어 낸 다음 직접 판매해서 가치를 실현하는 순환이 있어야 한다. 그러나 현재까지 상용화된 인공지능 수익 모델을 보면 플랫폼 사업과 마찬가지로 지대 추구 경향을 보인다. GPT, 미드저니, 딥엘, 스테이블디퓨전, 달리-2, AIVA 등 주요 생성 인공지능은 모두 월 15~20달러의 구독료 모델을 운영하고 있다. 인공지능이 발생시키는 지대는 자연물의 생산성에 기초한 일반적 차액 지대와 달리 그 기원이 사람들의 공동적인 참여 행위(거대 언어 모델의 근간)이다.[105]

또한 AI 작업의 생산물들은 그 사용 가치는 확실하지만, 교환 가치는 거의 가지고 있지 않다. 많은 사람이 생성 AI로 이미지, 텍스트, 사운드를 만들어 내면서 여러 용도로 활용하고 있음에도 그 결과물들이 시장에서 상품으로 적극적으로 교환되는 경우는 거의 찾아볼 수 없다. AI가 쓸만한 걸 만들어 낸다 해도, 그 사용 가치를 가치와 혼동하지 않는 게 중요하다. AI로 사무 작업 또는 창의 노동에 해당하는 부문에서 능률을 올리는 용도로는 사용할 수 있어도 그 생산물을 상품으로 교환하기는 어렵다. 아직까지 그것은 인간이 피땀 흘려 만들어 낸 결과물이 아니라 기계로 손쉽게 뽑아낸 어떤 모조물이라고 인식되기 때문이다(그것은 한계 비용 0에 수렴하는, 여기저기 널린 나뭇가지나 돌멩이 같은 것이 된다). 최근의 AI 물결은 창의적이고 지적인 영역에서 잠재적으로 생산력 확대를 촉진하고 있지만, 그것 자체가 잉여가치를 만들지는 않음을 역설한다.

요컨대 인공지능은 비인간노동력을 만들지는 않지만 제3 섹터, 즉 비인간노동 영역을 생성한다. 비인간노동력(Nonhuman labour power)이 아니라 비인간노동(Inhuman labour)이다. 비인간노동을 이루는 근간은 힘(power)이 아니라 행위성(agency)이다. 마르크스는《고타 강령 비판》의 첫 문장을 노동이 모든 부의 원천이 아니라는 판결로 시작한다. 인공지능 생산물의 사용 가치와 교환 가치를 혼동해서는 안 되듯이, 알고리즘 및 인공지능이 자아내는 노동과 노동력은 구분될 필요가 있다. "노동 자체는 하나의 자연력인 인간 노동력의 발현일 뿐이며, 인간이 노동 수단 및 노동 대상의 일차적 원천인 자연에 대해 소유자로서 관계를 맺는 한에서만, 즉 자연을 인간에 속하는 것으로 취급하는 한에서만 인간의 노동은 사용 가치의 원천이자 부의 원천이 된다."[106] 노동과 노동력을 엄밀히 구분하는 마르크스의 접근은 알고리즘 자본주의 인공지능 국면에서 우리가 더욱 구체화해야 하는 부분이다. 마르크스는 이어서 '자본가들이 노동에 초자연적인 창조력이 있다고 덮어 씌운다'고 표현하는데, 이는 요즘 인공지능 때문에 일자리가 완전히 사라지고 무용 계급(useless class)이 생겨난다던가, 인공지능이 예술부터 과학에 이르기까지 전 분야에서 인간 노동력을 대체할 수 있다는 등의 기술 간질병 현상을 보면 여전히 틀린 말이 아니라는 걸 알 수 있다. 사실 할루시네이션hallucination은 생성 인공지능이 틀린 답을 정답처럼 말하는 현상이 아니라 인공지능이 초자연적인 힘으로 인간 노동력을 대체할 수 있다 믿는 환각이다.

인공지능과 거대 언어 모델 자체를 만드는데 투입되는 지구적인 미세 노동, 배달의민족과 라이더유니온 사이의 갈등에서 보이는 제3 섹터 비인간노동의 파열(인간 노동력과 비인간노동의 부조화)이 보여 주는 교훈은 명확하다. 이제 우리는 자본이 인간과 대면하지 않고 제3 섹터를 통해 하중을 부과하는 상태, 비인간노동을 진지하게 고려해야만 한다는 것이다. 미세 노동은 더 이상 노동자들이 서로 연대하거나 자본가들과 직접 부딪칠 수 없는 불능 상태를 보여 준다. 자본은 알고리즘과 컴퓨터 인터페이스에 작업을 할당하고, 노동자는 그 안에서 작업을 수행한다. 기술철학자 육휘Yuk Hui가 주장하듯 인공지능과 알고리즘에 기반한 기술 환경은 인간이 사물과 지식에서 중심적 위치를 차지하고 있다는 인간중심주의적 생각에 종언을 고한다.[107] 인간은 앞으로 기술 체계의 리듬에 심리적, 물질적으로뿐 아니라 인지적으로도 적응해야만 하는데, 온갖 종류의 센서, CCTV, 패턴 인식 기계가 새로운 형태의 알고리즘 예지를 자아내며 행위 주체가 되었기 때문이다.[108] 비인간 사물, 기술 아티팩트, 아키텍처가 렌더링되는 방식이 곧 행동과 경험을 잉여로 흡수하는 방식이 되어 사물들의 네트워크가 주체에게 그 네트워크를 강요해 행위를 발생시킨다.[109]

비인간노동은 결국 자본의 완충 지대 역할을 할 것임이 틀림없다. 인공지능과의 상호 작용으로 만들어진 생산물은 직접적인 상품 교환의 대상은 아니지만, 신경망 분업은 사회 전체의 생산력을 끌어올리고 이윤율을 상쇄하는 데 지대한 공헌을 한다. 생성 이미지를 디자이너들이 활용하고, 챗GPT가 뽑아낸 문구를 카피라이터들이 약간 손본 후 홍보 문구로 쓰는 등 관공서·기업의 단순 사무 업무에서 창의 노동(영상 편집, 일러스트, BGM, 극작, 작곡, 콘티 제작, 스토리보드, 웹툰)에 이르기까지 그 효율은 더욱 증대될 것이다. 비인간노동과 인간 노동력 간의 신경망 분업은 잉여를 늘리는 강력한 힘으로 작용한다. 즉 정규 고용과 비정규 고용·비임금 노동 전반에서 상대적 잉여가치 착취를 심화시킨단 이야기다.

정규 고용 부문은 이렇게 변한다. '생성 인공지능이 있으니 그깟 디자인이야 30분이면 할 수 있잖아? 남들은 다 구독료 내고 쓰던 걸.' 비정규 고용·비임금 노동 부문은 이렇게 된다. '생성 인공지능이 있는데 뭐가 걱정이에요? 다른 분들은 다 이 단가에 서너 건씩 동시에 작업하고 계세요. 이 보상이 불만이시면 계약하지 마시든가요. 더 싸게 할 분들이 많으니까요.' 상사가 시켜서, 회사 방침이 바뀌어서, 법이 바뀌어서가 아니라 인공지능이라는 마법 같은 단어에 담긴 비인간 노동 행위성이 우리를 굴종시킨다.

이는 그나마 일자리라도 있는 사람에게 해당하는 미래고, 여기에서조차 밀려난 잉여인구는 분당, 건당으로 관리자형 알고리즘이 할당한 미세 작업이나 플랫폼 노동으로 밀려나 각자도생하는 수순을 맞이한다. 인공지능으로 누구나 손쉽게 작업할 수 있으므로 간편하게 다른 작업자로 대체할 수 있고, 노동력의 가격을 평가절하하기도 쉬워진다. 인공지능의 '초자연적 창조력'으로 포장된 이 힘은 결국 노동력을 탈상품화해 수탈하기 위한 방편으로서, 고용주들이 부담해야 했던 채용, 연수, 재교육의 비용을 노동자들에게 전가하고 채용·검토·보수 지급 업무마저 자동화하게 된다.[110] 이광석이 지적하듯이, 이 현상이 가속화되면 정규직 상층부와 중간층의 관리직·자영업자 부분이 크게 쪼그라들고, 이들 대부분이 비정규직과 플랫폼 노동의 하류 노동 계층으로 흡수되는 '자동화된 불안정성'이 미래 상수가 될 공산이 크다.[111] 이것이 인지 자동화와 신경망 분업이 인공지능이란 신기루로 보여주는 미래상이다.

인지 자동화는 플랫폼-알고리즘-인공지능으로 짜인

신경망을 통해 더 파괴적인 분업을 조장하고, 인간의 인지를 죽은 것(비정형 데이터)로 뒤덮어 그 실제 가치를 자영업·하도급·하청 방식으로 은밀히 빨아들인다. 우리는 여기에 맞서 싸울 것인가? 노동력이 아직 상품이던 시절에는 그래도 노동조합을 만들거나 전선을 만들 기회가 있었다. 그러나 제3 섹터라는 늪지대를 건너지 않으면 우리는 자본가와 만날 수조차 없게 돼버렸다. 이제 전 세계의 인민은 알고리즘 자본주의에 맞서 양면 전선을 구축해야 하는데, 한쪽은 자본가 계급이 될 것이고 다른 한쪽은 자본가들이 알고리즘과 인공지능에 일임한 제3 섹터가 될 것이다.

6

네트워크와 신피질의 연합,
자유로운 신경망을 향하여

자본주의 소셜 픽션

발달된 과학 기술은 프랑켄슈타인적 측면과 프로메테우스적 측면을 동시에 내포하고 있다. 그러나 산업 혁명기 공상적 사회주의와 무정부주의, 마르크스와 레닌 시대의 공산주의, 그리고 20세기 현실 사회주의에 이르기까지 과학 기술의 진보는 주로 인간 노동의 해방과 사회적 평등이라는 유토피아적인 충동과 결속되어 있었다. 토마스 모어Thomas More의 《유토피아》는 사적 소유의 폐지와 지속 가능한 생산 및 노동의 제도화를 역설했고[112] 프란시스 베이컨Francis Bacon의 《새로운 아틀란티스》는 과학이 이오니아의 마법에서 그치지 않고 과학적 합리성이 철인 정치와 결합해 유토피아를 사회공학적으로 설계하는 '벤 살렘'을 그렸다.[113] 19세기 말 에드워드 벨라미Edward Bellamy는 《뒤를 돌아보면서》에서 기술지상주의적 테크노토피아를 그렸고[114], 윌리엄 모리스William Morris는 《존재하지 않는 곳에서 온 뉴스》에서 장인들의 작업장과 농업 조합을 중심으로 설계된 생태 사회주의 '에코토피아'를 상상했다.[115]

    기술과 유토피아의 커플링은 때때로 인간을 초월하고자 하는 계몽적 트랜스 휴머니즘의 성격을 띠기도 하는데 이는 주로 H.G.웰스가 저술한 《모던 유토피아》나 《다가올 세상의 모습》 등의 공상적 사회주의 프로그램에서 드러난다. 과학 기술의 효용성을 강력한 사회주의 테크노크라시에 접목해 인류를 문화·윤리·경제·정치·종교 전면에서 개선하는 사회 권력을 유토피아에 내세우는 것이다.

반대로 기술의 진보가 가져온 파괴적인 결과(산업 혁명이 자아낸 불평등)를 비판한 존 러스킨John Ruskin이나 마르틴 하이데거Martin Heidegger 등은 기술적 합리성이 인류의 공동선을 훼손하고, 손과 물질의 감각, 자연과 숭고의 감각, 사랑의 감각, 지금 여기에 대한 감성을 마비시키기 때문에 목가적 유토피아를 상상했다. 과학 기술은 그 자체가 자본주의적 부의 시종이기 때문에 소유와 분배, 자기실현적 노동이 주가 되는 평등 사회를 건설하기 위해서는 삶의 유용성과 생명을 담지한 노동, 그리고 정직한 상업이 더 중요하다는 것이다.[116] 러스킨은 실제로 세인트 조지 길드를 조직해 대안 경제 운동을 이끌었고, 모리스 또한 장인 조합과 생태주의 공동체를 구상하는 동시에 심미성과 적정성이 결합된 농경·장인 기술의 사회 공학을 역설하였다. 그 외에도 대안 화폐와 생산자 협동조합의 유산을 남긴 로버트 오웬Robert Owen, 모든 이가 자신의 능력을 발달시킬 수 있는 기회를 개발할 수 있는 국민 작업장 민주주의를 꿈꿨던 생 시몽Henri de Saint-Simon, 가부장제 폐지와 집산화 노동을 골자로 한 공동체 '팔랑스테르'를 제시한 샤를 푸리에 Charles Fourier 모두 좌파 유토피아에 기술 정치를 결합하고자 했다. 마르크스와 엥겔스는 《공산당 선언》을 발표하면서 이들에게 '공상적 사회주의'라는 명찰을 부여했다. 실현 가능한 해방(계급 관계의 철폐)이 아닌 공상적이고 평화로운 공중누각을 만들기 위한 사회 과학을 찾기 위해 지배자의 박애와 돈주머니에 호소한다(계급 적대 자체의 외면)는 것이다.[117]

그럼에도 프랑스의 생태사회주의자 앙드레 고르André Gorz가 지적하듯이, 지금보다 더 나은 세계를 상상하는 데 있어 유토피아와 기술 및 제도의 연결은 매우 중요하며 인본주의, 계몽 정신, '검소한 풍요'를 누리는 적절한 노동과 여가, 생산물의 공정한 분배, 사적 소유의 철폐와 지속 가능한 지구 생태는 필수적이다.[118] 장구한 유토피아의 역사는 기술에 본원적으로 프로메테우스적 희망이 내재되어 있고, 기술로 무엇을 만드느냐가 아니라 어떤 미래를 상상하느냐가 본질임을 보여 준다.

그러나 인간의 상상력과 마음이 지능 기계들에 예속된 오늘날, 이러한 미래를 꿈꾸는 능력 자체가 상실되고 있다. 지금 우리에게는 계급 적대나 개인들의 연합은커녕 유토피아라는 공상조차 부재하다. 마르크스가 비판한 공상적 사회주의자들의 비전은 오늘날 빅테크와 기술 예언자들의 수사학으로 대체된 지 오래다. 모순은 응축되는데 전망이 없으니, 전선도 구축되지 못한다. 알고리즘과 인공지능을 위시한 새로운 제어 혁명은 물질-비물질을 가로지르는 인지 자동화에서 디지털 휴먼에 이르기까지 전 부문에서 유토피아를 후퇴시키고 있다. 유토피아적 상상력은 사라지고, 대신 유토피아 이데올로기만 배회한다. 일론 머스크나 마크 주커버그, 제프 베조스 같은 초거대 자산가들이 거드름을 피우며 신기술의 마법을 읊조리면, 정부는 전전긍긍하며 규제를 풀고 사회 전 분야에 무차별적으로 기술을 도입하는 악순환의 반복이다.

유토피아적 열망과 현실 가능한 대안이 잦아들수록, 무기력증과 역설은 더욱 커져만 간다. 그중에서도 대표적인 역설은 사변적인 것(the speculative)과 실재적인 것(the real) 사이의 경계가 무너져, 사변이 사회적인 것을 역으로 잠식하는 현실이 도래하는 현상이다. 일례로 우리는 요즘 SF와 현실의 차이를 거의 인지하지 못한다. 상용화를 넘어 사회적 생산력을 잠식하기 시작한 요즘의 플랫폼과 생성 인공지능은 알고리즘 자본주의의 SF적 성격을 잘 보여 준다. 영화 〈스페이스 오딧세이〉의 인공지능 HAL-9000이나 〈블레이드 러너〉의 인간 식별 기계 보이트-캄프 테스트, 〈터미네이터〉의 스카이넷, 〈공각기동대〉의 전자두뇌는 이제 SF가 아니라 현실이다. 우크라이나와 팔레스타인의 전장을 날아다니는 무인기와 드론은 미세 노동자들의 무차별적인 데이터 라벨링 노동과 연결되어 있고, 일론 머스크는 이미 인간 두뇌와 반도체를 물리적으로 연결하는 뉴럴링크에 대한 임상 시험을 시작했다. 달리와 GPT, 미드저니와 스테이블 디퓨전, 아마존 알렉사는 글쓰기와 그림, 음악, 인간 사유를 대체한다. '광대한 네트'나 〈매트릭스〉의 감시 시스템, 〈마이너리티 리포트〉의 범죄 예측 시스템은 이미 여기에 와 있다. 플랫폼과 알고리즘의 신경망 속에서 인간은 이미 주체를 상실한 채 자본과 물신화된 욕망으로 직조된 시뮬라시옹Simulation을 살아간다. 표상 단계에서부터 우리가 뭘 욕망하는지 보여 주는 알고리즘들은 우리의 일상 대화, 소비 패턴, 어젯밤 꿈, 선호하는 체위까지 수집해 기업들에 소유권을 넘긴다. '안드로이드는 전자 양의 꿈을 꾸는가?' 아니다. 인간은 이미 전자 양의 꿈을 꾸고 있다.

이러한 신기술 사회 혁신 담론은 이전까지와는 달리 일론 머스크(테슬라), 제프 베조스(아마존), 마크 주커버그(페이스북-메타), 래리 페이지(구글)와 같은 실리콘밸리 억만장자들이 주도하고 있다. 이들은 공공연하게 자신들의 프로젝트가 SF로부터 영감을 받았다고 이야기하며, 기술 몽유병이 아니라 기술의 유토피아가 자신들의 야심 찬 기획과 자본력에 의해 실현되고 있음을 강조한다. 이미 2000년대 초반부터 인간 두뇌의 복제가 그리 어렵지 않다고 호언장담해 왔던 래리 페이지는 실제로 구글X 연구소를 설립해 세계 과학 기술 인재들을 모으고, 황당한 '문샷 프로젝트'들을 하나씩 구체화했다. 실패한 프로젝트도 많지만, 인공지능 비서, 무인 자동차,

웨어러블 컴퓨터 등 불가능하다고 여겨졌던 것들이 실제 시제품으로 나왔다. 페이지는 자신의 담대한 구상이 닐 스티븐슨의 사이버 펑크 소설 《스노크래시》로부터 영감을 받았다고 밝힌 바 있다.

한편 머스크와 베조스 또한 대단한 SF광으로서, 자신들의 화성 탐사 임무가 아이작 아시모프의 《파운데이션》 시리즈, 더글러스 아담스의 《은하수를 여행하는 히치하이커를 위한 안내서》의 아이디어에서 출발했다고 자랑한다. 아마존 회장 베조스는 태양계 곳곳에 원통형 우주 콜로니를 건설해 1조 명 이상의 인류를 수용할 수 있는 은하 제국을 건설하겠다고 공공연히 대중들을 현혹하는 인물이다. 허풍처럼 보이지만 베조스는 2000년에 이미 우주 항공 회사 '블루 오리진'을 설립해 20년 넘게 이 프로젝트를 추진해 왔으며 유인 로켓 발사를 계속 성공시켰다. 2021년에는 자신이 직접 궤도 로켓 '뉴 셰퍼드'에 탑승해 11분간 우주 비행을 다녀왔는데, 그는 단기적으로는 민간 우주 여행, 장기적으로는 인류를 우주 식민지로 이주할 계획을 가지고 있다.

스페이스X로 화제를 모은 일론 머스크 또한 2029년까지 화성에 인류를 이주시키겠다고 발표했고, 머스크와 베조스 모두 우주 개척 시대의 토대가 될 초고속 위성 우주 인터넷 망을 구축하기 위해 각각 '스타링크', '프로젝트 카이퍼'를 가동하고 있다. 스타링크는 이미 2000개의 궤도 위성을 쏘아 올려 상당한 인프라를 구축한 상태로, 지상 통신망이 파괴된 러시아-우크라이나 전쟁의 무인 항공기와 드론 전투에 사용되는 중이다. 머스크는 한술 더 떠 뉴럴링크 기술이 범용화되면, 인간의 영혼을 데이터화해 인터넷에 업로드하는 '마인드 업로드'가 가능하다고까지 주장한다. 자신의 기억을 저장하고 다운로드받을 수 있는 인공두뇌와 브레인 머신 인터페이스가 갖춰진다면, 인간은 육체를 떠나 영생을 살 수 있다는 것이다. 이러한 아이디어는 명백히 윌리엄 깁슨의 소설 〈뉴로맨서〉의 사이버 인격체 '딕시-플래트론'이나, 재패니메이션 〈공각기동대〉의 전자 인격 복제, '고스트더빙' 같은 사이버 펑크 문법들을 참조로 한다.

나는 2008년 이후 한계에 도달한 자본주의가 첨단 과학 기술의 문법에 사회 혁신 담론을 결합한 이데올로기적 수사학을 '자본주의 소셜 픽션(Capitalist Social Fiction)'이라고 명명한다. 이와 관련해 처음 언급한 사람은 좌파 비평가인 마크 피셔Mark Fisher로, 그는 오늘날 '자본주의 리얼리즘(Capitalist Realism)'이 삶의 전 영역을 잠식했다고 주장한다.

그에 따르면 대중문화·미디어·교육 등에서 자본주의적 생산 관계가 자연의 섭리이자 삶의 실재를 이루는 리얼리즘의 감각이 환류하고 있다.[119] 자본주의 리얼리즘은 자본주의에 반하는 모든 삶의 감각, 예컨대 기후 위기·성 평등·민주주의 및 노동 계급의 열악한 상태에 대한 개선의 노력이 비정상적이라는 발상이라 느끼게 만든다. 자본주의 리얼리즘은 이데올로기적 구호나 스펙터클과 달리 문화적[120] 재현이나 대중 담론을 통해서 퍼지는 것이 아니라 감각·상호 교류 속에서 만들어진다.[121] 그렇다면 스페이스X, 화성 이주 계획, 뉴럴링크, 솔라시티 등 빅테크가 찬미하는 '다가올 미래의 형태'는 어떠한가? 그것은 리얼리즘이 아니라 픽션이다. 픽션 중에서도 과학 기술을 첨가한 픽션, 싸이파이(SF·Science fiction)이다.

빅테크 자본이 전개하는 기술적 및 사회적 혁신은 현실이 아닌 싸이파이, 즉 자본주의 리얼리즘을 넘어 자본주의 소셜 픽션에 닿는다. 그것은 현실을 보여 주고자 하는 리얼리즘의 문법이 아닌 SF 설정과 핍진성의 문법을 따른다. 그렇기 때문에 그것은 싸이파이를 뛰어넘어 소셜 픽션, 자본주의 소셜픽션이 된다. 빅테크와 테크노크라트들에 의해 실천된 기술 사회적 혁신은 싸이파이의 상상력을 빌어 우리 삶의 실재적 조건을 테크노토피아의 상상적 조건으로 견인해 가상적 개연성을 불어넣는다. 자본주의 소셜 픽션의 굴절된 테크노토피아 실천은 전방위에서 상품화된 기술 발전 및 윤리·정치·제도의 자본주의적 변형을 가속한다. 그 결과 우리는 도래한 알고리즘 자본주의 현실에서 도저히 벗어날 수 없는, 수 긍해야만 하는 기술혁신을 인지와 마음의 수준에서부터 경험 하게 된다.

가속주의(Accelerationism) 비평가 닉 랜드는 이런 미래 를 두고 다음과 같이 표현했다. "지구는 테크노 자본의 특이 점에 포획되었다. 자동으로 정교화하는 기계의 탈주 속에서, 로지스틱스에 의해 가속화되는 기술-경제적 상호 작용은 사 회 질서를 뭉그러뜨린다. (…) 이러한 상품화 조건은 임금으 로 계산된 인간 활동을 기술로 대체한다. 산업 기계들은 프롤 레타리아의 현실을 해체하고, 이를 사이보그 혼종화로 대체 하며, 노동력의 가소성을 실현하기 위해 배치된다." 랜드의 예언은 진단의 측면에서는 맞았지만, 대안의 측면에서는 틀 렸다. 그는 기술 혁신을 오히려 가속해, 자본주의의 전자 회로 가 과부하를 일으키는 파국을 앞당겨야 한다고 주장한다. 그 러나 우리는 이런 종류의 파국론을 단단히 경계해야 한다. 내 상을 입는 것은 자본주의 전자 회로가 아니라 인간 두뇌의 신 피질이기 때문이다.

자본주의 소셜 픽션의 아랫면에는 기술에 의해 파편화 된 노동의 공동묘지가 거꾸로 매달려 있다. 아마존과 구글, 테 슬라 등의 기업이 만들어 낸 우주선·인공위성·인공지능에 들어간 막대한 자본은 저렴하고 유연한 비임금 형태의 노동으로 쌓아 올려진 것이기 때문이다. 자유로운 부업 활동이라고 선전하지만, 시간당 2달러도 지불되지 않는 품팔이에 불과한 아마존 메카니컬 터크, 플랫폼 서비스를 빙자해 무차별적으로 수집되는 이용자들의 대규모 데이터 생산 활동, 자동화된 알고리즘에 노출되기 위해 눈덩이처럼 불어나는 크리에이터들의 잉여노동, 광고를 무심결에 클릭해 충동 구매하거나 광고를 보지 않기 위해 구독료를 결제하는 이용자, 무어의 법칙을 구현하기 위해 혹사당하는 반도체 공장 노동자들과 그 생산물을 암호 화폐 채굴 기기로 활용하는 금융 투기꾼들, 한탕주의에 현혹되어 블록체인 풀에 연결된 채 기꺼이 연산 자원을 모으는 현상금 사냥꾼들, 플랫폼에 연결된 채 수수료 수익을 공물로 바쳐야만 하는 자영업자들과 배달자들까지……. 자칭 사이버 프론티어들의 SF적 데탕트는 최첨단 기술로 인해 임금과 고용으로부터 탈거돼, '막대한 부를 생산하고도 불안정한 삶에 저당 잡힌 사이버 프롤레타리아Cyber-Proletariat'[122]들에 대한 수탈의 결과다.

"자본주의의 이데올로기적 재현은 기술 사회 혁신의 영속적인 가속을 자유롭게 만들고자 하지만, 우리는 뇌사 상태에 빠져 국소적인 측면(상품과 잉여)에 한정된 속도 증대를 경험할 뿐 진보는 잉여가치, 노동자 예비군, 부유하는 자본의 틀 안에 결박된다."[123] 우리는 자본주의 소셜 픽션이 연출하는 광속의 테크노토피아 몽타주를 자본주의 잉여가치 운동의 과속으로 발생한 블랙 아웃이라고 판단할 수 있어야 한다. 자본주의 소셜 픽션의 핍진성 위에서, 기술은 파괴적으로 진보하고 있지만 이는 사회 문화적 진보를 가속하는 것이 아니라 공황을 유예해 자본주의 지배 질서를 공고화하는 방식에 한정된다.

신경망의 인력과 신피질의 척력

모든 힘은 인력과 척력, 두 가지 형태로 나뉠 수 있다. 인력의 방향은 수직(세로획)이고, 척력의 방향은 수평(가로획)이다. 이를 노동가치론의 관점에서 보면 자본의 힘은 인력으로, 노동의 힘은 척력으로 정의될 수 있다. 지구라는 행성에서 힘의 우세종은 인력이다. 낙원으로부터 추방당한 인간은 생존을 위해 자연을 변형시켜야 했고, 그 과정에서 소모된 힘을 가치라는 형태로 다시 변환해 증폭시키는 방법을 발명했다. 시장과 교환, 그리고 화폐와 자본으로부터 우리가 벗어날 수 있을까? 인력은 오로지 끌어당기는 중력으로만 이뤄져 있으며, 인간은 이 힘으로부터 벗어날 수 없을 것처럼 여겨진다. 중력은 시공간을 창조했고 이 시공간 속에서 인간의 육체와 정신이 진화해 왔다. 그러나 인간 두뇌의 신피질은 인력과 정반대의 힘인 척력을 만들어 낸다. 그 근원은 인간의 정신적 활동이 동반하는 전기력이며, 밀어내는 동시에 옆으로 퍼져 나가고 연결하는 힘이다. 신피질의 척력은 신체의 기관과 세포의 신진대사를 촉진하며, 나아가 인간과 자연 사이의 물질대사를 구성하는 원천이 된다. 인력과 척력은 떼려야 뗄 수 없는 관계지만 지금까지의 힘의 역사는 인력이 지배하고 척력이 투쟁하는 방식으로 이어져 왔고 앞으로도 그럴 것이다.

　　플랫폼과 알고리즘, 그리고 인공지능으로 엮인 신경망은 인력 그 자체라 할 수 있다. 그것은 인간의 신피질이 만들어 낸 삶 활동의 데이터 — 사유, 기억, 실천, 경험 — 를 블랙홀처럼 빨아들인다. 인력은 인간과 자연의 관계, 그리고 인간과 인간의 관계를 자본과 노동의 관계로 잉입한다. 이 힘은 너무나도 강력해서 모든 견고한 것들을 잉여가치의 공기 속으로 사라지게 만드는 것처럼 보인다. 여기서 중요한 것은 신피질'들'이다. 우리는 미약하기 짝이 없는 개별 두뇌의 전기력을 무수히 연결해 지구 자본의 중력을 밀어내는 복수형의 척력을 만들어 낼 수 있어야 한다. 그 방법은 크게 두 가지로 이야기될 수 있다.

　　하나는 '탈출 속도'에 도달하는 것으로, 위에서 아래로 향하는 중력의 힘을 거슬러 아래에서 위로 가속하는 방법이다. 11.19킬로미터 퍼 세컨드(km/s)로 상승하는 속도를 유지해 라그랑주점에 도달한다면 지구의 중력장으로부터 탈출할 수 있다. 인간 노동이 각 점들을 빠르게 마찰시켜 에너지 융합을 일으킨다면 자본이 스스로를 유기적으로 구성하는 중력(자동화)으로부터 빠져나갈 수 있을 것이다.

다른 하나는 실재라기보단 사변적인 힘인 '반중력'의 생성이다. 만약 중력에 척력을 혼합할 수 있다면 지구 위의 삶은 완전히 달라진다. 한없이 거대한 질량을 마음먹은 대로, 예컨대《걸리버 여행기》의 전설적인 도시 라퓨타를 공중에 띄우거나《새로운 아틀란티스》의 벤살렘 섬이 하늘 위에 떠 있는 풍경이 연출될 수 있다. 이는 인간이 노동으로부터 해방된 세계, 말 그대로 유토피아로 꿈결에나 그 모습을 잠깐 드러내곤 한다. 전자가 '리얼 유토피아'라면, 후자는 규제적 이념이다. 그러나 설령 가능하지 않더라도 우리는 둘 모두를 지향해야만 한다. 마르크스의 말처럼, 중요한 것은 달성해야 할 미래의 상태가 아니라 현재의 상태를 지양하는 현실의 운동이기 때문이다.

이제 몇 가지 명제를 정리해 보도록 하자. 첫째, 알고리즘을 통해 자본주의는 최고 단계의 자동화(인지 자동화와 인공지능)를 달성하고 있지만, 여느 시대의 자본주의 생산 양식이 그랬듯이 스스로 잉여가치를 만들어 낼 능력은 없다. 이 기계들의 신경망이 가치를 실현하기 위해서는 반드시 인간 신피질의 전기력을 노동력으로 변환해야만 한다. 알고리즘 자본주의가 가치 역학을 완성하기 위해서는 인간 노동과 비인간 노동, 그리고 인간 노동력을 광섬유로 연결하지 않으면 안 된다. 둘째, 플랫폼-알고리즘 신경망과 인공지능은 노동력의 탈상품화를 가속해 사회적 생산력을 증대시킬 뿐 아니라 잉여노동 지분을 크게 늘림으로써 이윤율 저하를 상쇄하고 있다. 그 상쇄분을 벌충하는 로직은 인클로저와 독점 지대, 그리고 가장 중요한 인간의 인지적·지적 노동에 대한 추상화이다. 플랫폼과 알고리즘은 이를 주목의 단위로, 인공지능은 거대 언어 모델의 토큰 단위로 실현하고 있다. 셋째, 알고리즘 자본주의는 자본과 노동 사이의 제3 섹터, 컴퓨터 노드-인간 뉴런 간 하이브리드인 '비인간노동'을 출현시키고 있다. 제3 섹터 비인간노동은 자본가-노동자 간의 적대를 비가시화하고, 노동자들이 서로 연대할 수도, 자본가와 직접 협상할 수도 없도록 만든다. 알고리즘의 강력한 힘은 빅테크 플랫폼의 실질적인 경작자인 크리에이터, 배달 라이더, 물류 노동자와 모빌리티 노동자가 서로 결속할 가능성을 빼앗아, 연합하는 것이 아니라 거꾸로 인수분해하도록 만든다. 서로가 서로에게 작업을 외주하고 스스로 착취하도록 고무하며 그로써 계급투쟁의 유기적 구성을 차단한다. 이제 인간 노동은 배회하는 유령처럼 느낌만 있을 뿐 만져지지도 보이지도 않게 되며, 비인간노동이 남긴 어렴풋한 발자국은 신기루 방향으로 이어지고 있다.

우리에게 가장 중요한 것은 제3 섹터로 들어가 연대와 적대의 고리들을 명징하게 드러내는 것이다. 인간·주체의 정치학이 불필요하다는 것이 아니다. 그러나 알고리즘과 인공지능은 인간과 대화하거나 외교를 하지 않는다. 시급히 요청되는 것은 행위자의 정치학이다. 행위자의 관점에서 접근하면 인간 노동과 비인간노동 할 것 없이 노동의 무늬들이 좀더 뚜렷한 윤곽으로 드러난다. 컴퓨터와 네트워크 안에서 대상은 두 프로토콜 사이의 교집합으로 정의되며, 해석학적 접근뿐 아니라 기계적인 읽기 모델이 적용돼야만 한다.[124] 데이터는 분석되며, 전통적 의미의 읽기와는 전혀 달라지고, 정보는 의미 대신 패턴을 포함하기 때문이다.[125]

요컨대 알고리즘과 인공지능이 추동하는 인지 자동화 시대에 블랙박스가 되어 가는 제3 섹터를 읽어 내고자 한다면 비인간의 정치학 혹은 비인간의 기술 정치가 요청된다. 보편적 기본소득이나 디지털세와 같은 인간주의 정치의 해결법만으로는 해결될 수 없다. 법과 규범, 사회 계약은 인간들 간의 사회적 관계를 규정하지만, 알고리즘과 인공지능은 프로토콜, 비기표적 기호계의 영역이다. 이 비인간의 층위에서 작동하는 제3 섹터 기술의 기하학에 직접 개입할 수 있을 때 비로소 실낱같은 투쟁 주기의 기회들이 마련될 것이다. 기술과 사회는 서로를 구성하는 관계이기 때문에 기술은 곧 제도이자 시스템이고 여기에 직접 개입해 들어가야 한다. 랭던 위너Langdon Winner가 지적하듯이, 기술은 인간 행위의 보조 기구가 아니라 그 행위와 행위의 의미를 새로 형성하는 강력한 권력이다.[126] 새로운 기술의 발명은 생산 과정, 노동의 의미, 의사소통에 걸친 사회적 구조를 바꾸며 확산하기 때문에 우리는 기술 속으로 들어가 "개인 일상의 창조와 재창조, 생산과 재생산 과정에의 능동적 개입을 통해 사회 노동 배치와 상품 제작과 소비, 행위를 인공물의 물적 조건에 적응시켜 나가는"[127] '삶의 양식으로서의 기술'[128]을 구원해야 인간 존재의 조건 또한 재구성할 수 있게 된다.

커먼즈 신경망을 향하여

알고리즘 자본주의의 폭주를 감속시키기 위해 우리가 가장 시급히 고찰해야 하는 것은 탈중앙화 데이터 관리 기술이다. 현재 빅테크가 독점적으로 운영하는 플랫폼들은 서비스 제공이라는 미명하에 개인의 생애 주기와 생체 데이터를 무단으로 포식해 왔다. 전 지구적인 데이터 자원과 노동력을 몇몇 거대 기업이 중앙집중화 시스템으로 관리하는 것은 극도로 위험하다. 이들은 사람들의 어떤 데이터를 어느 목적으로 활용하는지 전혀 공개하지 않는다. 이른바 민주주의 사회에서 이처럼 비밀스러운 특권은 오로지 빅테크에만 주어져 있다. 다시 말해 거대 자본과 결부한 플랫폼과 알고리즘은 현대판 생명 관리 정치이자 독점 자본 그 자체다. 이들이 틀어쥐고 있는 유기체적이고 전체주의적 데이터 매트릭스에 제동을 걸기 위해서는 데이터를 분산해서 관리할 수 있는 탈중앙화 데이터 관리 체계를 만들어 내야 한다.

과거 중앙 집중형 산업이 운영하는 기계제와 분업에 맞서 노동자 계급 역시 중앙집중화된 저항의 시스템인 노동조합을 중심으로 전선을 만들었다. 자본이 탈중앙화되었다면, 전선 또한 탈중앙화되어야 한다. 전자가 두 세력이 펼치는 참호전이었다면 후자는 리좀Rhizome의 전투다. 이는 조합의 종말이나 점조직주의를 이야기하는 것이 아니다. 리좀은 어떤 형태가 되었건 과거의 싸움들이 축적한 인프라 위에서 펼쳐져야 한다. 불만이 있다면 알고리즘에 직접 따지라는 플랫폼 사업자에 맞서, 라이더유니온은 알고리즘을 법정에 세워 성과를 얻었고 우리는 여기에 주목해야 한다. 조직적인 공방을 위해서도 탈중앙화 데이터 관리를 위해서도 조합은 필수불가결하다. 또한 조합을 포함해 시민 사회 진영 전체가 빅테크가 포식하는 데이터를 열람하고, 모니터링하며, 반대로 기업들은 이를 마음대로 상품화할 수 없도록 제재할 수 있어야 한다. 물신화된 알고리즘과 인공지능의 실체는 노동력의 탈상품화의 가속해 '비인간노동' 제3 섹터를 만들고, 자본의 운동에 방해되는 허들들을 상쇄하는 것이다. 데이터 흐름의 통제권을 수복해야 여기에 제동을 걸 수 있다. 실낱같은 투쟁 주기를 확산시키기 위해서는 감속의 차원과 가속의 차원, 두 가지 실천이 전제되어야 한다.

감속의 차원에서 데이터 주권(Data sovereignty) 기반의 탈중앙화 거버넌스는 대안 중 하나가 될 수 있다. 탈중앙화 분산 처리와 데이터 암호화, 트랜잭션 무결성에 기반한 P2P 네트워크를 구축해 신뢰받는 제3 자(정부, 은행, 기업)를 거치지 않고 개인이 직접 관리하는 자기 주권 신원 증명(Self-sovereign Identity)이 관리의 시발점이 되도록 만들자는 것이다. 이는 현재의 블록체인 기술로도 가능하며, 구글이나 네이버 등 플랫폼 기업에 불필요하게 생체 데이터를 제공하지 않고도 결제, 검색, 등록 등의 활동을 할 수 있는 구조를 만들 수 있다. 내가 어떤 데이터를 제공했는지, 제공할 것인지 설정할 수 있고 원한다면 제공하지 않을 수도 있다. 핵심은 개인이 생산한 데이터를 중앙 서버에 저장하는 것이 아니라 P2P 탈중앙화 네트워크에 분산 배치한 뒤, 기업들이 허가·인증·지불 절차를 거친 후에 이 데이터를 활용하거나 혹은 그 여부를 네트워크에 참여하는 '신피질들'이 결정하는 데 있다. 신피질들은 P2P 네트워크에 참여하는 최소 단위인 노드들로 구성된 집합 지성이다. 이 자유로운 신경망이 데이터 주권을 단단히 거머쥔 채, 공동선을 위해서는 커먼즈로 활용하면서 빅테크가 데이터를 마구잡이로 남용할 수 없도록 해야 한다.

나는 알고리즘 자본주의가 심화하면 정부의 테크노크라트들조차도 이 대안을 고려하게 될 것이라 확신한다. 기계 신경망이 특이점에 도달하거나(인공 일반 지능의 등장) 심각한 아노미를 발생시킬 경우(디지털 휴먼, 할루시네이션, 탈진실 등) 신피질에 대한 자본의 인력도 덩달아 줄어들 수밖에 없다. 인력이 발생시키는 정부·관료제의 힘, 구심력도 약화된다. 왜 그럴까? 권력은 누가 주권의 대상인지 누가 노동 인구인지 정확하게 식별하는 데서 출발하기 때문이다. 감시 권력은 자본주의 생산 양식이 가치의 순환을 공고히 하고자 작업장에서 운영하는 규율·통제의 메커니즘을 사회화할 뿐 아니라, 주체를 식별하고, 적절하게 모양 짓기(rendering)를 하기 위해 기술을 '행동 수정 수단'으로 도입하게 되어 있다.[129]

그런데 알고리즘 자본주의는 과거와 달리 정치 권력과 공유했던 이 기술의 메커니즘을 더 이상 보여 주지 않으면서 은밀한 축적의 개구멍으로 활용한다. 구글을 비롯한 무수한 빅테크 기업들이 알고리즘을 (정부에게조차) 블랙박스화하고, 글로벌 서비스라는 핑계로 각국에서 조세 회피를 하고 있는 현실은 이 갈등의 성격을 잘 보여 준다. 인공지능에 있어서는 특히 이 복잡한 대결 구도가 증폭될 가능성이 크다. 블랙박스화가 심화되어 인공지능의 폭주를 조절하지 못하게 될 시 자본은 결국 본연의 생산 기능을 일부 포기하고 정부에 일임했던 감시 기능을 합쳐, 더욱 폭력적인 방식으로 노동자들을 지배하려 들 것이다.

따라서 진보 시민 사회와 노동자 계급의 연대가 앞으로 준비해야 하는 것은 첫째, 데이터 분산 처리 기술을 커먼즈로 만드는 것이고 둘째, 분산된 데이터를 어떻게 사용하는지에 대한 의사 결정 권한을 분산하는 탈중앙화 조직(Decentralised Organisation·DO) 기반 거버넌스다. 탈중앙화 조직은 중앙 조직 없이 P2P에 연결된 노드들로 하여금 민주적 투표로 의사 결정을 할 수 있으며 이 모델이 데이터 분산 관리에 적용된다면 참여자가 자신이 공유하는 데이터에 대한 의결권을 스스로 행사할 수 있을 뿐 아니라 데이터 사용 내역에 대한 투명한 공개가 가능하다. DO 모델은 개인을 넘어 조합과 시민 조직에 의해 개발되어야 한다. 이는 블록체인에 필연적으로 따라오는 암호 화폐를 완전히 배제하기 위함이기도 하지만 알고리즘의 아키텍처, 거대 언어 모델의 공통재적 사용, 데이터의 사용처와 방법, 이를 둘러싼 프로토콜 등을 DO에 연결된 노드들이 투표로 결정할 수 있기 때문이다. DO는 보통 이더리움과 비트코인 등의 암호 화폐 투자에서 DAO(Decentralised

Autonomous Organisation)으로 변주되는데 이는 토큰을 구매해 의사 결정에 참여하는 주주 총회식 자산 메커니즘을 따르는 것이다.

그러나 우리가 잘 알고 있듯이 주주 중심주의는 51퍼센트의 독점 자산가들이 의사 결정을 독점하는 구조로, 1인 1표를 원칙으로 하는 민주주의 시스템과 결이 맞지 않는다. 따라서 주주 중심주의 아키텍처가 아닌 조합식 아키텍처를 기본으로 하는 DO의 개발은 필수적이다. 프로토콜은 구성원들이 시작 단계에서 합의해 정할 수 있다. 토큰을 배제한 조직, 비화폐적 토큰과 같은 규약의 도입으로 참여도를 끌어올릴 수 있을 뿐 아니라 1인 1표제와 같은 조합 중심 원칙을 정할 수도 있다. 제품 품질 관리, 서비스 등 상품 생산을 목적으로 하는 협동조합의 경우를 제외하고, 노동조합과 시민 사회 수준에서 DO의 도입을 통해 데이터·알고리즘·플랫폼·인공지능 관리통제 권한을 주도할 수 있다면 제3섹터 비인간노동의 편류에 대처하는 '비인간 쟁투'를 상상할 수 있게 된다.

신경망의 통제를 전유해 신피질'들'의 연합을 창출하는 것은 중요한 과제다. 이는 피어와 피어의 연결이 아니라 결국 그를 통해 인민과 인민의 연결을 이뤄내는 제3 섹터 비인간 '코뮨commune'의 행위성을 재구성하는 문제로 직결된다. 혹자는 탈중앙화 네트워크의 처리 속도와 효율성을 문제 삼을 수 있다. 그러나 마르크스가 우리에게 남긴 의제, '자유로운 개인들의 평등한 연합'은 기술적 합리성을 모토로 하지 않았음을 상기해야 한다. '각자는 자신의 능력에 따라, 각자에게는 자신의 필요에 따라'는 민주주의의 결과적 평등의 문제이지 시스템적 효율성의 문제가 아니다. 효율성과 속도는 유기체적 전체주의 사회에서 강조되는 것이며, 민주적이고 코뮨적인 연합에서 이는 부수적인 요소다. 우리는 가장 효율적인 시스템이야말로 가장 광기 어린 시스템이었음을 역사를 통해 이미 알고 있다.

그렇다면 가속의 차원에서는 어떤 실천이 동반돼야 할까? 우리는 플랫폼과 인공지능을 커먼즈로 수복할 필요가 있다. '플랫폼 사회주의(Platform Socialism)'을 주창한 연구자 제임스 멀둔James Muldoon에 따르면, 플랫폼 그 자체는 본질적으로 자본주의적이거나 착취적이지 않기 때문에 플랫폼을 사회적 소유로 만들고, 민주적 통제를 통해 플랫폼에서 창출되는 자원을 모두의 이익이 되는 방향으로 사용해야만 한다.[130] 피터 라인보우Peter Linebaugh는 커먼즈가 공동 경작을 관습으로 하는 커먼즈주의(commonism)와 원시적 공산주의의 연결 속에서 맹아를 싹틔웠으며, 공동 경작은 지구에서 사유화되지 않고 인클로저되지 않은 채 남아 있는 모든 장소들, 상품이 아니면서 인간의 상호성의 다양한 가치들의 지주로 남아 있는 모든

곳을 포괄함을 역설한다.[131]

이러한 논의들은 플랫폼-알고리즘 신경망이 인간 원료로 수탈하는 메타데이터, 그리고 무주공산의 데이터와 미세 노동을 포식해 만들어진 거대 언어 모델에도 적용할 수 있다. 간단히 말해 플랫폼과 거대 언어 모델을 만든 것은 지구 신경망이지 구글이나 오픈AI의 엘리트 프로그래머들이 아니다. 자본주의가 그토록 사랑하는 지적 재산권(copyright)은 생성 인공지능을 만드는 과정에서 지켜졌는가? 미드저니와 달리2는 이미 여러분이 어딘가에 올린 사진, 글, 문체를 모조리 집어 삼켰지만 사용료는 한 푼도 내지 않았다. 위신 있는 작가들, 예술가들의 작품과 지적 재산권이 걸린 수많은 그림, 글귀, 음악에 관한 데이터 학습에서 지적 재산권 문제는 지켜지지 않았다.

빅테크는 거꾸로 여러분들로부터 구독료를 받는 중이다. 심층 학습에 있어 지적 재산권에 해당하는 데이터와 그렇지 않은 데이터들을 식별하는 작업은 현재 인공지능의 가장 큰 도전으로 떠오르고 있다. 인간의 모든 경험을 블랙홀처럼 빨아들인 인공지능은 지난 반세기 지식 경제의 핵심적인 가치 사슬인 저작권 생태계를 스스로 위협한다. 여기서 우리는 발상을 전환해 플랫폼과 인공지능이 빠진 자가당착, 즉 지적 재산권 생태계를 커먼즈로 전환하는 시나리오를 그려 내야 한다. 작업장 민주주의와 중세 길드의 호혜적 운영 방식을 결합한 길드 사회주의(Guild socialism), 플랫폼을 공공 수단(public utilities)으로 규정해 인터넷 망이나 전파와 똑같이 규제하는 법안의 도입, 시민 플랫폼과 글로벌 디지털 펀드의 구축 등은 여기에 대한 좋은 시나리오가 될 수 있다.[132]

최근 한국의 콘텐츠 플랫폼 네이버웹툰과 카카오엔터테인먼트는 생성 인공지능으로 만들어진 콘텐츠를 표시하도록 하는 저작권 가이드라인을 만들고 있다. 이보다 인공지능의 역설을 더 잘 표현해 주는 예는 없을 것이다. 이는 잉여가치와 합치된 식별의 감시 권력과 연관되어 있다. 무엇이 인간 작업물인지 아닌지 식별한다는 것은 인공지능이나 마스터 알고리즘이 본격적으로 자본주의 생산 양식에 도입되는 상황에서도 결국 인간 노동력이 가치의 원천임을 스스로 인정하는 꼴이다. 이는 창조적·인지적 문화 생산물을 이루는 유기적 구성 비율을 따져 더 낮은 가격표를 노동자에게 제출하겠다는 자본의 의지이기도 하다.

가속의 차원이란 커먼즈를 확대해 자본이 그 자체로 교환 가능한 인간 노동력의 결과물과 '그 자체로는 사용만 가능한' 비인간노동의 결과물을 뒤섞어 식별을 교란하는 실천으로 만들어진다. 디지털 데이터·정보를 배타적 소유권으로 한계짓고자 하는 지식 경제는 이미 파산을 선고받았다. 우리는 지적 재산권과 지식이라는 '자산' 개념을 폐기함으로써 제3 섹터를 교란하거나, 혹은 백지화시킬 방법을 찾아야 한다. 이는 모든 창작물이 공통의 소유라는 뜻이 아니다. 저자의 인격적, 정신적 이익을 보호하는 저작인격권은 탈중앙화 네트워크에서 더 잘 지켜지도록 새 규약을 맺는 동시에 모든 이에게 인류의 문화 창조 노하우가 축적된 거대 언어 모델을 조건 없이 이용할 수 있도록 해야 한다. 탈중앙화 P2P 네트워크를 전유해 저작·인격권은 강화하고, 저작권 경제는 해체하는 미러링이 필요한 것이다.

플랫폼의 수수료 기반 이윤과 생성 인공지능의 구독료 모델이 보여 주듯, 알고리즘에 의한 인지의 상품화는 결국 지대 기반의 잉여와 재생산이다. 자본주의가 지대를 추구한다면, 인민은 거꾸로 지대를 해체해 커먼즈로 돌아가고자 한다. 탈중앙화 P2P 신경망에 의한 데이터 주권의 통제, 길드-작업장 기반 시민 플랫폼에 이어 우리는 새로운 소유의 개념을 필요로 한다. 알고리즘 아키텍처에 대한 공통의 소유권, 생성 인공지능을 다루는 인간 프롬프팅 작업 결과물에 대한 개방된 라이센스 개념 등이 그것이다. 우리는 이미 리눅스, 위키피디아, 크리에이티브 커먼즈 라이선스Creative Commons License, 자유 소프트웨어와 오픈 소스라는 유산을 가지고 있다. 커먼즈에 기생하는 빅테크의 독점 신경망을 떼어 내고, '자유로운 커먼

즈 신경망'을 구축하는 것은 당면 과제다. 마르크스 이후의
진보 운동은 과거와 관련된 모든 미신을 벗어 버리고서야 비
로소 사회 혁명이 시작될 수 있음을 알려 준다.

실리콘밸리가 전파하는 자본주의 소셜 픽션에는 지구
를 돌보고, 노동을 존중하고자 했던 역사적 유토피아의 전망
이 부재하다. 지그문트 바우만Zygmunt Bauman에 따르면, 유토피
아는 어떠한 인간 조건을 기술한 것이 아니라 그 자체가 하나
의 프로그램이라 할 수 있는 문화의 양상이다.[133] 유토피아는
당파적 열망을 드러내는 특정 집단의 형태로 구체화하는 비
판적인 태도의 필수적인 요소인 동시에, 사회 주요 이익 집단
들을 분명하게 식별할 수 있도록 드러내며, 역사의 현 단계에
서 사회가 선택할 수 있는 선택지들을 철저히 검토하도록 만
들어 계급적 본질을 폭로하게 만든다.[134] 이 책에서 제기하는
알고리즘 자본주의 문제들은 단순한 사회학적 검토로 끝나지
않는다. 무엇보다 이를 통해 우리는 유토피아를 떠올릴 수 있
고, '사회주의 픽션(Socialist Fiction)'을 그리며 희망의 원리들
을 떠올릴 수 있어야 한다.

희망은 단순한 백일몽이거나 형이상학이 아니다. 희망
이라는 낮꿈은 비판적이고 냉정한 시각을 생성하는 하나의
신진대사다. 에른스트 블로흐는 《희망의 원리》 서문에서 이
렇게 적는다. "낮꿈을 충만케 하는 행위는 사물이 어떻게 더

낮게 변화될 수 있는가? 와 같이, 사물에 직접 참여하며 능동적으로 받아들인다는 뜻이다. 그것은 인간 오성이 보다 밝고, 잘 인식되며, 사물의 변화 과정을 중개할 수 있고 개념화할 수 있음을 뜻한다."[135] 블로흐가 우리에게 가르쳐주는 바는 희망의 원리를 통해 비판적으로 재구성된 유토피아에서 초월적인 물질대사 변혁이 시작된다는 것이다.

이는 마르크스가 《독일 이데올로기》에서 치열하게 고찰했던 논의, '인간 감성적 활동'은 관념인가, 아니면 물질인가? 에 대한 물음과도 연결된다. 마르크스는 전 저작에 걸쳐 도덕·윤리·온정·이데올로기 등의 비역사적 성격을 일관되게 비판하지만, "인간의 감성적 노동과 창조 및 생산에 해당하는 '감성적 활동'"은 관념의 범주에 해당하지 않는다고 판단한다.[136] 마르크스는 자연과학적 인식이 인간의 감성적 활동에 기반하고 있으며, 인간을 감각의 대상으로 보는 관념론과 달리 '감성적 세계를 구성하고 있는 여러 개인들의 총체적이고 살아 숨 쉬는 감성적 활동'으로 인간의 생명 과정이 구성된다고 규정한다.[137] 이 생명 과정은 "환상에 고립되고 고정된 인간이 아니라, 일정한 조건 아래서 현실적인, 경험적으로 지각될 수 있는 발전 과정에 있는 인간"[138]으로 그려진다. 사물의 변화 과정에 적극적으로 개입하고, 인간의 유적 삶을 가변적으로 만드는 상상력의 토대인 유토피아적 열망은 감성적 활동의 맨틀이다. 요컨대 희망은 물질과 역사의 작은 입자 단위이다. '지금 여기' 그리고 주객이 전도된 자본주의 과학 기술과 소셜 픽션에 대해 단호하게 '아니다'라고 말하는 유토피아 청사진이 마련되어야 한다.

이 책은 알고리즘 자본주의에 대한 해부도를 그리고, 대안이 가능할 뿐 아니라 우리가 그것을 꿈꿔야 할 수 있음을 역설하기 위해 쓰였다. 알고리즘과 인공지능에 대한 대안적이고 유토피아적인 상상력이 창발돼야 하는 시점이다. 다가올 새로운 자본주의적 수탈과 노예화에 맞서, 민주적 기술의 발명을 위해 우리가 사회적 대화를 시작해야만 하는 이유다.

주

1 _ Nicolas Negroponte, 《Being Digital》, Hodder & Stoughton, 1995, pp. 5-6.

2 _ 로베르토 M. 웅거(이재승譯), 《지식경제의 도래》, 다른백년, 2021, 74쪽.

3 _ 안토니오 네그리 · 마이클 하트(윤수종譯), 《제국》, 이학사, 2001, 382쪽.

4 _ 안토니오 네그리 · 마이클 하트(윤수종譯), 《제국》, 이학사, 2001, 62쪽.

5 _ Jodi Dean, 〈Communicative Capitalism: This is What Democracy Looks Like〉, in Joshua S. Hanan and Mark Hayward (ed), 《Communication and the Economy: History, Value and Agency》, Peter Lang, 2014, pp. 147-166.

6 _ 장귀연, 〈플랫폼 자본주의 시대의 노동〉, 《산업관계 연구》, 31(4), 2022, 38쪽.

7 _ 에드 핀(이로운譯), 《알고리즘이 욕망하는 것들》, 한빛미디어, 2019, 85쪽.

8 _ 이광석, 《피지털 커먼즈》, 갈무리, 2021.

9 _ 이광석, 《피지털 커먼즈》, 갈무리, 2021, 59쪽.

10 _ Mario Tronti, 《Operai e Capitale》, Einaudi, 1966.

11 _ 김동원, 〈플랫폼 담론과 플랫폼 자본: 삶정치 노동의 확장〉, 《문화/과학》, 87, 2016, 75-97쪽.

12 _ 크리스티안 마라찌(심성보譯), 《금융자본주의의 폭력》, 갈무리, 2013, 72쪽.

13 _ 닉 서르닉(심성보譯), 《플랫폼 자본주의》, 킹콩북, 2020.

14 _ 김영선, 〈플랫폼 자본주의 시대의 노동자상〉, 《도시연구》, 18, 2020, 117-146쪽.

15 _ 프리드리히 니체(이상엽譯), 《유고》, 책세상, 2002, 38쪽.

16 _ Alexander Galloway, 《Protocol》, The MIT Press, 2004, p. 165.

17 _ Bernard Stiegler, 《Symbolic Misery 1》, Polity Press, 2014.

18 _ Bernard Stiegler, 《Symbolic Misery 1》, Polity Press, 2014, p. 8.

19 _ Maurizio Lazzarato, 〈Immaterial Labour〉 (Colilli and Emory trans), Paolo Virno, Michael Hardt (eds), 《Radical Thought in Italy》, University of Minnesota Press, 2006, pp.132-147, p. 40.

20 _ 마우리치오 랏자라또(심성보譯), 《기호와 기계》, 갈무리, 2017, 174쪽.

21 _ 카를 마르크스, 《정치경제학 비판 요강 2》, 그린비, 2007, 390쪽.

22 _ 카를 마르크스, 《정치경제학 비판 요강 2》, 그린비, 2007, 391쪽.

23 _ 장 폴 사르트르(왕사영譯), 《실존주의는 휴머니즘이다》, 청아출판사, 1989, 96-97쪽.

24 _ 카를 마르크스(김문현譯), 《경제학 · 철학 초고/자본론/공산당선언/철학의 빈곤》, 동서문화사, 2008, 67쪽.

25 _ 카를 마르크스(강신준譯), 《자본 1-1》, 길, 2008, 332쪽.

26 _ 모리츠 알텐리츠(권오성 · 오민규譯), 《디지털 팩토리》, 숨쉬는 책공장, 2023, 23쪽.

27 _ 마누엘 카스텔(김묵한 · 박행웅 · 오은주譯), 《네트워크 사회의 도래》, 한울아카데미, 2014, 216쪽.

28 _ 김상민, 〈플랫폼 위에 놓인 자본주의 이후의 삶〉, 《문화/과학》, 87, 2016, 137쪽.

29 _ 제레미아스 아담스-프라슬(이영주譯), 《플랫폼 노동은 상품이 아니다》, 숨쉬는 책공장, 2020, 92쪽.

30 _ 데이비드 헤스몬달프 · 사라 베이커(안채린譯), 《창의노동과 미디어산업》, 커뮤니케이션 북스, 2011.

31 _ 데이비드 헤스몬달프, 사라 베이커(안채린譯), 《창의노동과 미디어산업》, 커뮤니케이션 북스, 2011, 133쪽.

32 _ 김예란, 〈플랫폼 생산자의 일상성: 일상 브이로거의 삶과 노동〉, 《한국언론정보학보》, 101호, 2020, 153-199쪽.

33 _ 이항우, 〈구글의 정동 경제: 사용자 정동의 동원과 전용〉, 《경제와 사회》, 102, 2014, 208-236쪽.

34 _ 강남훈, 〈정보혁명과 자본주의〉, 《마르크스주의 연구》, 7(2), 2010, 55-57쪽.

35 _ 카를 마르크스(강신준譯), 《자본 III-2》, 길, 2010, 879쪽.

36 _ 카를 마르크스(강신준譯), 《자본 III-2》, 길, 2010, 880쪽.

37 _ Sut Jhally and Bill Livant, 〈Watching as Working: The Valorization of Audience Consciousness〉, 《Journal of Communication》, 36(3), pp. 124-143.

38 _ 카를 마르크스(강신준譯), 《자본 1-1》, 길, 2008, 92-93쪽.

39 _ Jonathan Beller, 《The Cinematic Mode of Production: Attention Economy and the Society of the Spectacle》, The University of Chicago Press, 2006.

40 _ Jonathan Beller, 《The Cinematic Mode of Production: Attention Economy and the Society of the Spectacle》, The University of Chicago Press, 2006, p. 11.

41 _ Claudio C. Bueno, 《The Attention Economy: Labour, Time and Power in Cognitive Capitalism》, Rowman&Littlefield International Ltd, 2017, p. 22.

42 _ 에드 핀(이로운譯),《알고리즘이 욕망하는 것들》, 한빛미디어, 2019, 77쪽.

43 _ 에드 핀(이로운譯),《알고리즘이 욕망하는 것들》, 한빛미디어, 2019, 81쪽.

44 _ 알렉산더 갤러웨이(이나원譯),《계산할 수 없는》, 장미와 동백, 2023, 263쪽.

45 _ Matteo Pasquinelli, 〈Google's PageRank Algorithm: A Diagram of the Cognitive Capitalism and the Rentier of the Common Intellect〉, in Konrad Becker and Felix Stalder (eds),《Deep Search: The Politics of Search Beyond Google》, Transaction Publishers, 2009.

46 _ 맛떼오 파스퀴넬리(서창현譯),《동물혼》, 갈무리, 2013, 137쪽.

47 _ 박대민, 〈인공지능과 정보통치성: 인공지능과 자동화 사회에 대한 알고리듬 통치성의 비판적 확장으로서 정보통치성〉,《언론정보연구》, 57(4), 2020, 55-94쪽, 66쪽.

48 _ 신현우, 〈유튜브 제국의 네트워크 경제: 디지털 공유지의 인클로저와 이용자 활동의 기계적 전유〉,《문화/과학》, 98, 2019, 179-195쪽.

49 _ 이희은, 〈유튜브의 기술문화적 의미에 대한 탐색: '흐름'과 알고리즘 개념의 재구성을 중심으로〉,《언론과 사회》, 27(2), 2019, 5-46쪽.

50 _ 에드 핀(이로운譯),《알고리즘이 욕망하는 것들》, 한빛미디어, 2019, 249쪽.

51 _ 에드 핀(이로운譯),《알고리즘이 욕망하는 것들》, 한빛미디어, 2019, 251쪽.

52 _ 백욱인,《인공지능 시대 인간의 조건》, 휴머니스트, 2023, 204쪽.

53 _ Harry Braverman,《Labor and Monopoly Capital: The Degradation of Work in the Twentieth Century》, Monthly Review Press, 1974.

54 _ 김홍중, 〈플랫폼의 사회이론: 플랫폼 자본주의와 알고리즘 통치성을 중심으로〉,

《사회와 이론》, 1, 7-48쪽, 23쪽.

55 _ 셰리 터클(이은주譯), 《외로워지는 사람들》, 청림출판, 2012.

56 _ 카를 마르크스(강신준譯), 《자본 1-1》, 길, 2008, 266쪽.

57 _ 카를 마르크스(강신준譯), 《자본 1-1》, 길, 2008, 266쪽.

58 _ 프랑코 베라르디(서창현譯), 《노동하는 영혼》, 갈무리, 2012, 118쪽.

59 _ 해리 클리버(조정환譯), 《자본을 어떻게 읽을 것인가》, 갈무리, 2018, 89쪽.

60 _ Tiziana Terranova, 〈Free Labor: Producing Culture for the Digital Economy〉, 《Social Text》, 18(2), 2000, pp. 33-58, p. 42.

61 _ Tiziana Terranova, 〈Free Labor: Producing Culture for the Digital Economy〉, 《Social Text》, 18(2), 2000, pp. 48-49.

62 _ Tiziana Terranova, 〈Free Labor: Producing Culture for the Digital Economy〉, 《Social Text》, 18(2), 2000, p. 47.

63 _ Michael Hardt, 〈Affective Labor〉, 《Boundary 2》, 26(2), 1999, pp. 89-100.

64 _ 안토니오 네그리 · 마이클 하트(이원영譯), 《디오니소스의 노동 I》, 갈무리, 1996, 38-39쪽.

65 _ 해리 브레이버만(이한주 · 강남훈譯), 《노동과 독점자본》, 까치, 1987, 53쪽.

66 _ 해리 브레이버만(이한주 · 강남훈譯), 《노동과 독점자본》, 까치, 1987, 55쪽.

67 _ Geroge Caffentzis, 《In Letter of Blood and Fire》, PM Press, 2013, p. 175.

68 _ Geroge Caffentzis,《In Letter of Blood and Fire》, PM Press, 2013, p. 150.

69 _ 드미트리 클라이너(권범철譯),《텔레코뮤니스트 선언》, 갈무리, 2014, 66쪽.

70 _ 요하이 벤클러(최은창譯),《네트워크의 부》, 커뮤니케이션 북스, 2012, 95-99쪽.

71 _ Nancy Kranich and Jorge R. Schement, 〈Information Commons〉,《Annual Review of Information Science and Technology》, 42, 2008, pp. 551-552.

72 _ 맛떼오 파스퀴넬리(서창현譯),《동물혼》, 갈무리, 2013, 95쪽.

73 _ David Bollier,《Think Like a Commoner》, New Society Publishers, 2014.

74 _ Massimo De Angelis,《The Beginning of History》, Pluto Press, 2006, p. 149.

75 _ 카를 마르크스(강신준譯),《자본 I-2》, 길, 2008, 980쪽.

76 _ David Harvey, 〈The Future of Commons〉,《Radical History Review》, 109, 2011, p. 103.

77 _ 곽노완, 〈플랫폼 자본주의 시대의 프레카리아트와 기본소득의 확대: 플랫폼자본의 인클로저 vs 플랫폼 공유지배당〉,《마르크스주의 연구》, 17(1), 2020, 106쪽.

78 _ 베르나르 스티글러(김지현 · 박성우 · 조형준譯),《자동화 사회 1》, 새물결, 2019, 211쪽.

79 _ 질베르 시몽동(김재희譯),《기술적 대상의 존재 양식에 대하여》, 그린비, 2011, 91쪽.

80 _ 데이비드 헤스몬달프 · 사라 베이커(안채린譯),《창의노동과 미디어산업》, 커뮤니케이션 북스, 2011.

81 _ 이승렬 · 이용관 · 이상규,《미래의 직업 프리랜서 I》, 한국노동연구원, 2018, 156-157쪽.

82 _ 카를 마르크스(강신준譯),《자본 III-1》, 길, 2010, 262쪽.

83 _ 크리스티안 마라찌(심성보譯),《자본과 정동》, 갈무리, 2014, 16쪽.

84 _ 크리스티안 마라찌(심성보譯),《금융자본주의의 폭력》, 갈무리, 2013, 73-74쪽.

85 _ 에릭 브린욜프슨 · 앤드루 맥아피(이한음譯),《제2의 기계시대》, 청림출판, 2014, 44쪽.

86 _ 하대청,〈루프 속의 프레카리아트〉,《경제와 사회》, 118, 2018, 285-287쪽.

87 _ 하대청,〈루프 속의 프레카리아트〉,《경제와 사회》, 118, 2018, 290쪽.

88 _ 필 존스(김고명譯),《노동자 없는 노동》, 롤러코스터, 2022, 80쪽.

89 _ 필 존스(김고명譯),《노동자 없는 노동》, 롤러코스터, 2022, 103쪽.

90 _ 필 존스(김고명譯),《노동자 없는 노동》, 롤러코스터, 2022, 138쪽.

91 _ 칼 베네딕트 프레이(조미현譯),《테크놀로지의 덫》, 에코리브르, 2019.

92 _ 칼 베네딕트 프레이(조미현譯),《테크놀로지의 덫》, 에코리브르, 421쪽.

93 _ 칼 베네딕트 프레이(조미현譯),《테크놀로지의 덫》, 에코리브르, 441쪽.

94 _ 메리 그레이 · 시다스 수리(신동숙譯),《고스트워크》, 한스미디어, 2019.

95 _ 아론 베너너브(이종임譯),〈자동화와 노동의 미래〉,《창작과 비평》, 48(1), 2020, 354쪽.

96 _ 카를 마르크스(강신준譯),《자본 I-1》, 길, 2008, 595쪽.

97 _ 카를 마르크스(강신준譯),《자본 I-1》, 길, 2008, 599쪽.

98 _ Geroge Caffentzis,《In Letter of Blood and Fire》, PM Press, 2013, p. 148.

99 _ 카를 마르크스(강신준譯), 《자본 III-1》, 길, 2010, 284쪽.

100 _ Nick Dyer-Witheford, Atle Mikkola Kjøsen, and James Steinhoff, 《Inhuman Power》, Pluto Press, 2019, p. 132.

101 _ Nick Dyer-Witheford, Atle Mikkola Kjøsen, and James Steinhoff, 《Inhuman Power》, Pluto Press, 2019, p. 135.

102 _ 카를 마르크스(김문현譯), 《경제학·철학 초고/자본론/공산당선언/철학의 빈곤》, 동서문화사, 2008, 71-72쪽.

103 _ 박다솔, 〈배달노동자, 배차 알고리즘을 법정에 세우는 소송 나선다〉, 《참세상》, 2023. 5. 9.

104 _ 케이트 크로퍼드(노승영譯), 《AI 지도책》, 소소의책, 2022, 17-18쪽.

105 _ 강남훈, 〈인공지능과 기본소득의 권리: 마르크스의 지대이론과 섀플리 가치 관점에서〉, 《마르크스주의 연구》, 13(4), 2016, 22쪽.

106 _ 카를 마르크스, 프리드리히 엥겔스(박종철 출판사 편집부·김세균 譯), 《칼맑스 프리드리히 엥겔스 저작선집 4》, 1997, 370쪽.

107 _ 육휘(조형준·이철규·임완철譯), 《디지털적 대상의 존재에 대하여》, 새물결, 2021, 440쪽.

108 _ 육휘(조형준·이철규·임완철譯), 《디지털적 대상의 존재에 대하여》, 새물결, 2021, 450쪽.

109 _ 쇼사나 주보프(김보영譯), 《감시 자본주의》, 문학사상, 2021, 330쪽.

110 _ 메리 그레이·시다스 수리(신동숙譯), 《고스트워크》, 한스미디어, 2019, 318-322쪽.

111 _ 이광석, 〈AI 자동화? 위태로운 플랫폼 예속형 노동의 증식〉, 《인공지능, 플랫폼, 노동의 미래》, 빨간소금, 2023, 51~94쪽, 90쪽.

112 _ 토마스 모어(박문재譯), 《유토피아》, 현대지성, 2020.

113 _ 프란시스 베이컨(김종갑譯), 《새로운 아틀란티스》, 에코리브르, 2002.

114 _ 에드워드 벨라비(손세 譯), 《뒤를 돌아보면서》, 지만지, 2011.

115 _ 윌리엄 모리스(박홍규譯), 《에코토피아 뉴스》, 필맥, 2008.

116 _ 존 러스킨(곽계일譯), 《나중에 온 이 사람에게도》, 아인북스, 2020.

117 _ 카를 마르크스 · 프리드리히 엥겔스(이진우譯), 《공산당 선언》, 책세상, 2002, 54~57쪽.

118 _ 앙드레 고르(임희근 · 정혜용譯), 《에콜로지카》, 생각의 나무, 2008.

119 _ 마크 피셔(박진철譯), 《자본주의 리얼리즘》, 리시올, 2018.

120 _ Nick Land, 〈Meltdown〉, 1994. http://www.ccru.net/swarm1/1_melt.htm

121 _ 마크 피셔(박진철譯), 《자본주의 리얼리즘》, 리시올, 2018, 30쪽.

122 _ Nick Dyer-witheford, 《Cyber-Proletariat》, Pluto Press, 2015.

123 _ Alex Williams, Nick Srnicek, 〈Manifesto for an Acclerationist Politics〉, 2013. https://criticallegalthinking.com/2013/05/14/accelerate-manifesto-for-an-accelerationist-politics

124 _ 알렉산더 갤러웨이(이나원譯), 《계산할 수 없는》, 장미와 동백, 2023, 283쪽.

125 _ 알렉산더 갤러웨이(이나원譯), 《계산할 수 없는》, 장미와 동백, 2023, 283쪽.

126 _ 랜던 위너(손화철譯),《길을 묻는 테크놀로지》, 씨아이알, 2010, 8쪽.

127 _ 랜던 위너(손화철譯),《길을 묻는 테크놀로지》, 씨아이알, 2010, 21쪽.

128 _ 랜던 위너(손화철譯),《길을 묻는 테크놀로지》, 씨아이알, 2010, 16쪽.

129 _ 쇼사나 주보프(김보영譯),《감시 자본주의》, 문학사상, 2021, 32쪽.

130 _ James Muldoon,《Platform Socialism》, Pluto Press, 2022.

131 _ 피터 라인보우 · 마커스 레디커(정남영 · 손지태譯),《히드라》, 갈무리, 2008, 46-47쪽.

132 _ James Muldoon,《Platform Socialism》, Pluto Press, 2022.

133 _ 지그문트 바우만(윤태준譯),《사회주의, 생동하는 유토피아》, 오월의 봄, 2016, 18쪽.

134 _ 지그문트 바우만(윤태준譯),《사회주의, 생동하는 유토피아》, 오월의 봄, 2016, 18쪽.

135 _ 에른스트 블로흐(박설호譯),《희망의 원리 1》, 솔, 1995, 8쪽.

136 _ 카를 마르크스 · 프리드리히 엥겔스(박재희譯),《독일 이데올로기 I》, 청년사, 2007, 54쪽.

137 _ 카를 마르크스 · 프리드리히 엥겔스(박재희譯),《독일 이데올로기 I》, 청년사, 2007, 55쪽.

138 _ 카를 마르크스 · 프리드리히 엥겔스(박재희譯),《독일 이데올로기 I》, 청년사, 2007, 49쪽.

북저널리즘 인사이드   알고리즘 바깥으로
                      산책할 용기

2024년 5월 14일 오픈AI가 사람처럼 듣고 말할 수 있는 생성형 인공지능을 선보였다. 플래그십 모델인 'GPT-4o'다. 새로운 GPT는 텍스트를 통해 대화하던 기존 모델과는 달리, 청각과 시각으로도 추론하고 이를 곧바로 음성으로 표현할 수 있다. 사람이 오감을 활용해 정보를 얻고, 다양한 방법으로 의사를 표현하듯, 인공지능 모델이 사진이나 그래픽을 보여 주며, 심지어는 다양한 말투로 대답한다는 의미다.

그뿐만 아니다. 인공지능은 이제 사람의 표현과 감정까지 분석한다. 우리가 대화하며 상대방이 건네는 말의 속도와 높낮이, 작은 눈의 떨림까지 지각하듯, 인공지능도 인간을 상대로, 인간처럼 생각하며, 인간처럼 행동한다. 인공지능은 빠르게 발전하고 있다. 발전의 방향이라는 게 '점차 더 인간을 닮아 가는 것'이라면 말이다.

인간은 자신과 닮은 무언가에서 동질감을 느끼기도 하지만 그 동질감이 때로는 불쾌함과 두려움으로 번지기도 한다. 특히 그것이 일자리, 즉 삶의 경계와 관련돼 있을 때는 더더욱 그렇다. 로이터통신의 보도에 따르면 전 세계 2000개 대기업 고위 임원 중 41퍼센트가 인공지능 기술로 인해 일자리가 감소할 것으로 예측했다. 이미 기술 기업들은 움직이고 있다. 1분기 마이크로소프트, 구글, 아마존 등의 기술 기업은 미국 내 1분기 전체 감원의 16.5퍼센트를 차지하는 비중으로 해고를 주도했다.

정말 인공지능 시대에서 사람들은 노동하지 않게 될까? 문제는 그리 간단하지 않다. 《알고리즘 자본주의》는 알고리즘과 인공지능의 시대가 그러한 유/디스토피아의 모습을 하고 있지 않음을 보인다. 이미 우리의 노동은 알고리즘을 타고 인지와 주목으로 대체돼 왔다. 우리는 우리 자신의 즐거움을 채운다는 상상 위에서 구글에 돈을 벌어다 준다. 끊임없는 추천 영상과 좋아요, 구독의 소용돌이 위에서 사람들은 조용히 노동하고, 조용히 착취당한다. 무엇보다 문제적인 것은 우리 시대가 그에 대해 어떠한 문제의식도 제기하지 못했다는 점이다. 우리는 노동하지 않는다는 착각 위에서 노동하고 있다.

주목해야 할 것은 달라진 노동의 형태가 불러올 효과다. 노동이라는 행위에는 방향성이 있다. 컨베이어 벨트가 한 방향으로 돌아가고, 그 방향에 맞춰 노동자들이 한정된 움직임을 보여야 하는 것처럼, 행위가 노동으로 규정되면 방향성과 틀이 생기게 된다. 알고리즘 자본주의의 시대에서, 우리의 인지와 선택에도 마찬가지의 일이 생겼다. 물론 그 방향은 알고리즘이 결정한다. 나의 행위와 시선, 선택은 데이터로 쌓여 0과 1로 번역된다. 조합된 숫자들은 나의 다음 선택을 유도하고 평가한다. 우리의 인지는 이미 컨베이어 벨트 위에 있다.

다가오는 인공지능의 시대는 이 흐름을 더욱 가속할 전망이다. 알고리즘이 선택과 인지에 방향성을 부여했다면 인공지능은 그 나아가는 힘과 속도마저 결정해 버린다. 사람들은 자신의 인지와 행동에 주체적으로 속도를 부여할 수 없다. 배달 라이더들이 길을 무시한 채 직선거리를 내달려야 하는 것처럼, 인공지능이 수행하는 인지의 속도에 인간은 따라갈 수 없다. 인간은 언제나 인공지능보다 앞서 인공지능의 결정에 도움을 줘야 하는 보조자였지만, 한편으로는 인공지능의 결정에 완전히 납득하거나 수긍할 수 없는 존재였다. 알고리즘 자본주의가 선택의 문제였다면, 인공지능 자본주의는 속도의 문제다.

우리는 알고리즘의 방향성에, 그리고 인공지능이 속도에 어떻게 대처해야 할까? 어쩌면 다른 세계를 상상하는 상상력이 그 해결의 단서가 될 수 있다. 구글의 페이지랭크 검색 방식은 '검색'이라는 무한한 다양성에 하나의 모습을 부여해 버렸다. 유동체가 딱딱한 박스 안에 갇히듯, 페이지랭크 시대 이후의 세계는 검색의 다른 모습을 상상하지 못하게 된 것이다. 미국 법무부가 구글의 검색 독점력에 제동을 걸기 시작한 즈음부터 탈중앙화와 개인화의 바람을 타고 새로운 검색 엔진들이 등장하기 시작했다. 틀을 넓히고, 방향을 분산시키고, 조금 먼 길을 돌아감으로써 우리는 방향과 속도의 독재에 저항할 수 있다. 지금 우리가 두려워해야 할 것은 인간의 노동력을 대체할 인공지능이 아닌, 인공지능처럼 생각하고 내달릴 인간의 미래다.

김혜림 에디터